3-bande carambole: Fuld bord cirkel mønstre

Fra professionelle mesterskabsturneringer

Test dig selv mod professionelle spillere

Allan P. Sand
PBIA Certificeret billard instruktør

ISBN 978-1-62505-254-4
PRINT 7x10

ISBN 978-1-62505-397-8
PRINT 8.5x11

First edition

Copyright © 2019 Allan P. Sand

All rights reserved under International and Pan-American Copyright Conventions.

Published by Billiard Gods Productions.
Santa Clara, CA 95051
U.S.A.

For the latest information about books and videos, go to: http://www.billiardgods.com

Acknowledgements
Wei Chao created the software that was used to create these graphics.

Indholdsfortegnelse

Introduktion 1
Om bordlayouterne 1
Indstillinger for tabelopsætning 2
Formål med layouterne 2
A: Fuld cirkel (lang bande) 3
A: Gruppe 1 3
A: Gruppe 2 8
A: Gruppe 3 13
A: Gruppe 4 18
A: Gruppe 5 23
B: Fuld cirkel (kort bande) 28
B: Gruppe 1 28
B: Gruppe 2 33
B: Gruppe 3 38
C: 4 bander (lang bande) 43
C: Gruppe 1 43
C: Gruppe 2 48
C: Gruppe 3 53
C: Gruppe 4 58
C: Gruppe 5 63
D: 4 bander (kort bande) 68
D: Gruppe 1 68
D: Gruppe 2 73
D: Gruppe 3 78
D: Gruppe 4 83
E: 5 bander (lang bande) 88
E: Gruppe 1 88
E: Gruppe 2 93
E: Gruppe 3 98
E: Gruppe 4 103
E: Gruppe 5 108
F: 5 bander (kort bande) 113
F: Gruppe 1 113
F: Gruppe 2 118
G: 6+ bander (lang bande) 123
G: Gruppe 1 123
G: Gruppe 2 128
G: Gruppe 3 133
G: Gruppe 4 138
H: 6+ bander (kort bande) 143
H: Gruppe 1 143
H: Gruppe 2 148

Other books by the author ...

- 3 Cushion Billiards Championship Shots (a series)
- Carom Billiards: Some Riddles & Puzzles
- Carom Billiards: MORE Riddles & Puzzles
- Why Pool Hustlers Win
- Table Map Library
- Safety Toolbox
- Cue Ball Control Cheat Sheets
- Advanced Cue Ball Control Self-Testing Program
- Drills & Exercises for Pool & Pocket Billiards
- The Art of War versus The Art of Pool
- The Psychology of Losing – Tricks, Traps & Sharks
- The Art of Team Coaching
- The Art of Personal Competition
- The Art of Politics & Campaigning
- The Art of Marketing & Promotion
- Kitchen God's Guide for Single Guys

Introduktion

Dette er en af en række 3-bande carambola bøger, der viser, hvordan professionelle spillere træffer beslutninger, baseret på bordlayoutet. Alle disse layouts er fra internationale konkurrencer.

Disse layouts sætter dig inde i afspillerens hoved, begyndende med boldens positioner (vist i den første tabel). Den anden tabel layout viser, hvad spilleren besluttede at gøre.

Om bordlayouterne

Hver konfiguration har to tabellayouter. Den første tabel er boldpositionerne. Den anden tabel er, hvordan boldene bevæger sig på bordet.

Dette er de tre bolde på bordet:

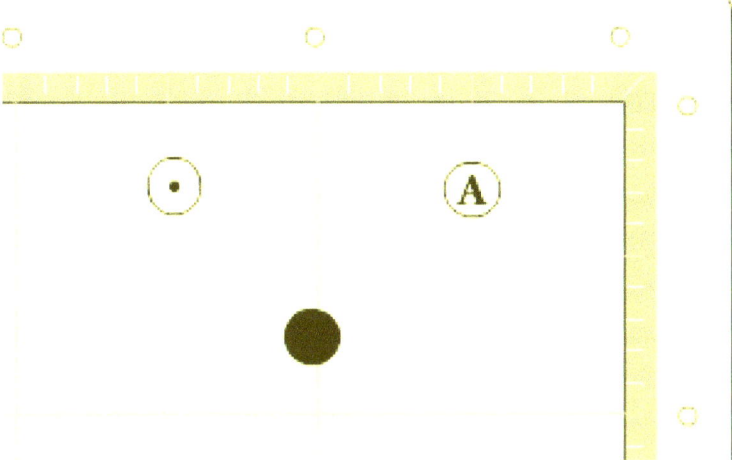

(A) (CB) (din billardkugle)

(•) (OB) (modstander billardkugle)

● (OB) (rød billardkugle)

Indstillinger for tabelopsætning

Brug papirbindingsringe til at markere boldpositionerne (køb hos enhver kontorforretning).

Placer en mønt på hver bande, at (CB) vil røre ved.

Sammenlign din (CB) -sti med den anden tabelkonfiguration. For at lære, kan du have brug for flere forsøg. Efter hvert svigt skal du foretage justering og prøve igen, indtil du har succes.

Formål med layouterne

Disse layouter leveres til to formal:

- Din analyse - I hjemmet kan du overveje, hvordan du spiller konfigurationen på den første tabel. Sammenlign dine ideer til det faktiske mønster på den anden bord. Tænk på din løsning, og overvej muligheder. Fra den anden tabel kan du også analysere, hvordan man følger mønsteret. Mentalt spiller skuddet og bestemmer, hvordan du kan lykkes.

- Øv bordkonfigurationen - Placer bolderne på plads i henhold til den første tabelkonfiguration. Prøv at skyde på samme måde som det andet bordmønster. Du kan have brug for mange forsøg, før du finder den rigtige måde at spille på. Sådan kan du lære og spille disse skud under konkurrencer og turneringer.

Kombinationen af mental analyse og praktisk praksis vil gøre dig til en smartere spiller.

A: Fuld cirkel (lang bande)

Den (CB) går ud af den første (OB) i en lang bande og derefter ind i den korte bande. Cirklen fortsætter ind i den modsatte lange bande.

(A) (CB) (din billardkugle) – (OB) (modstander billardkugle) – ● (OB) (rød billardkugle)

A: Gruppe 1

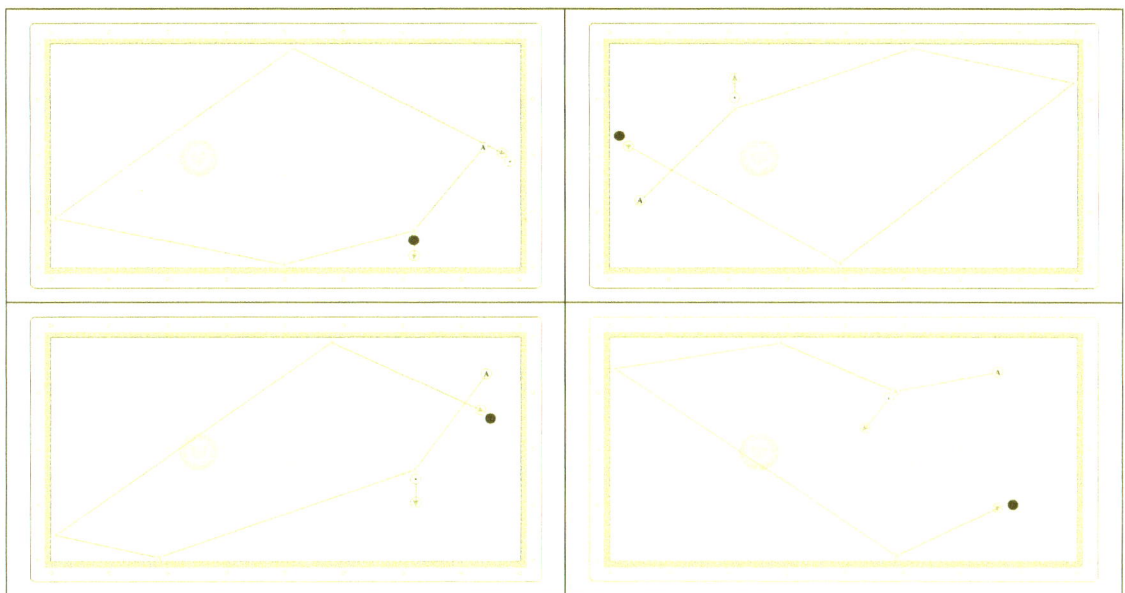

Analyse:

A:1a. _____

A:1b. _____

A:1c. _____

A:1d. _____

A:1a – Setup

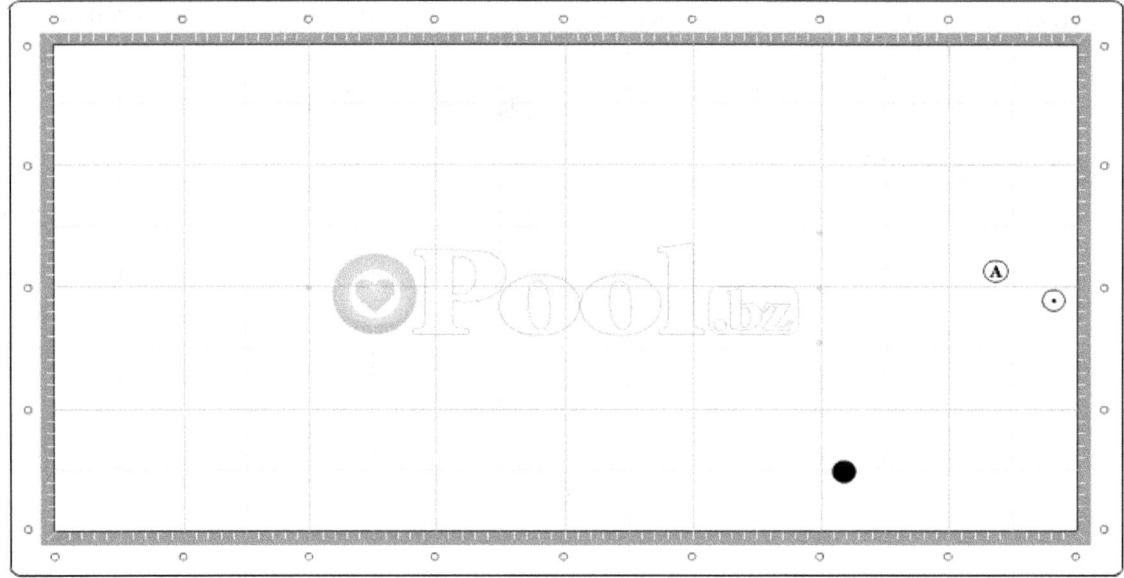

Noter og ideer:

Afspilning mønster

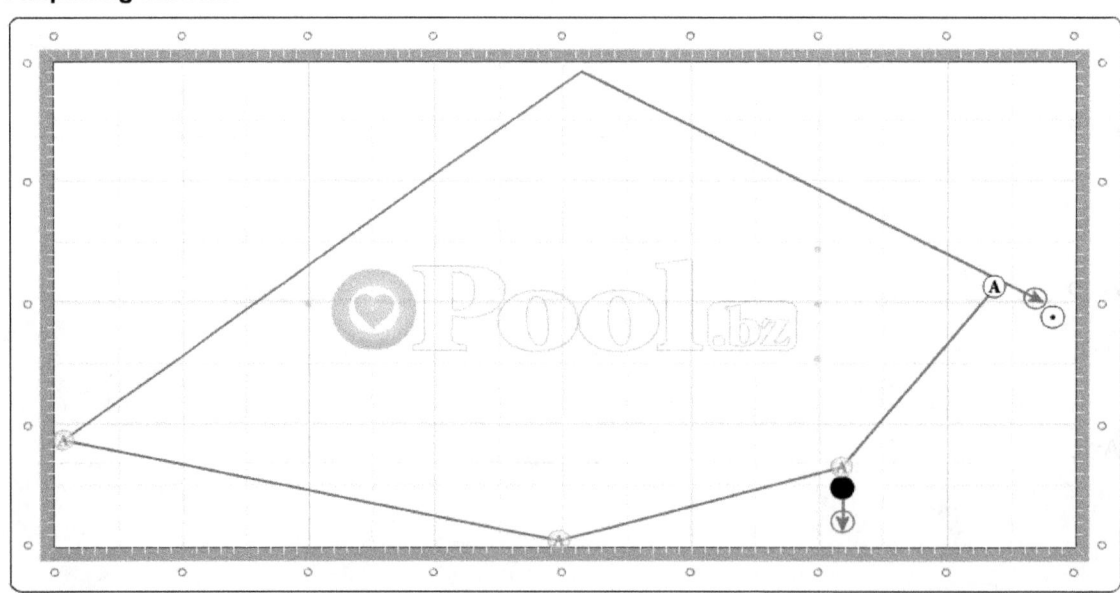

A:1b – Setup

Noter og ideer:

Afspilning mønster

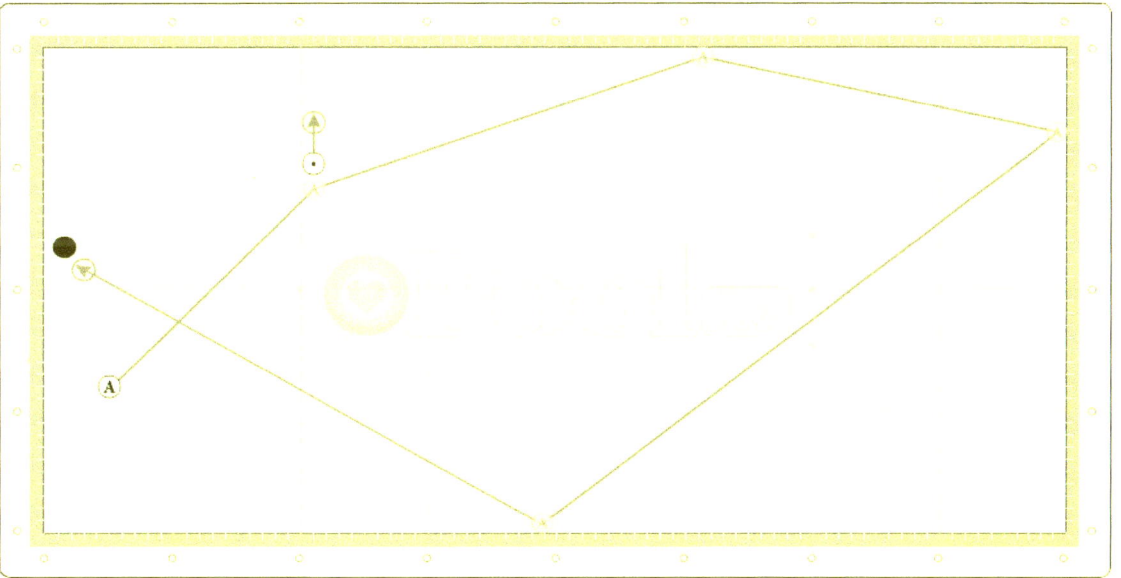

A:1c – Setup

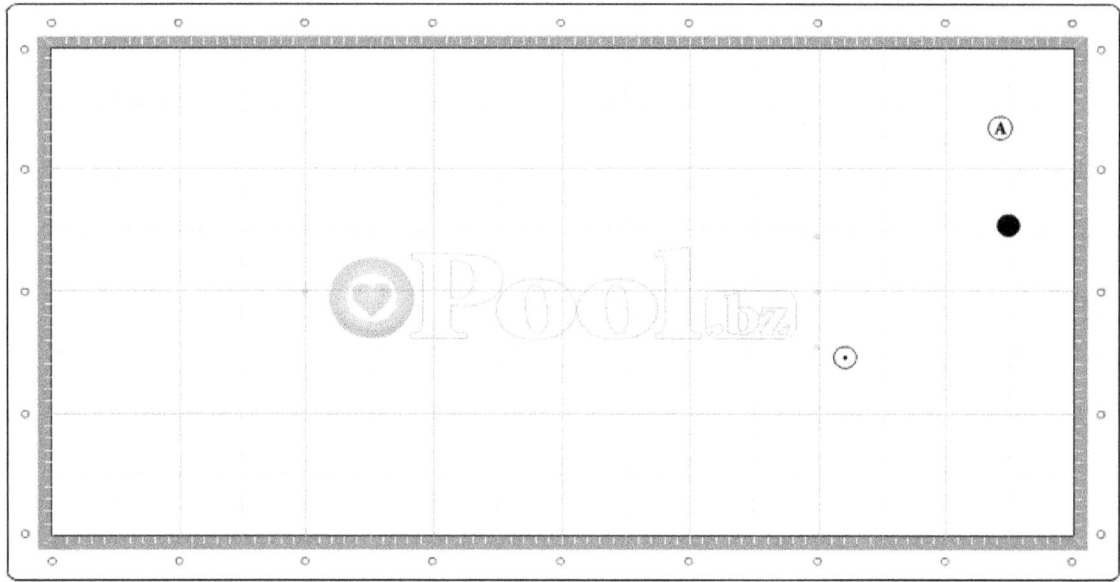

Noter og ideer:

Afspilning mønster

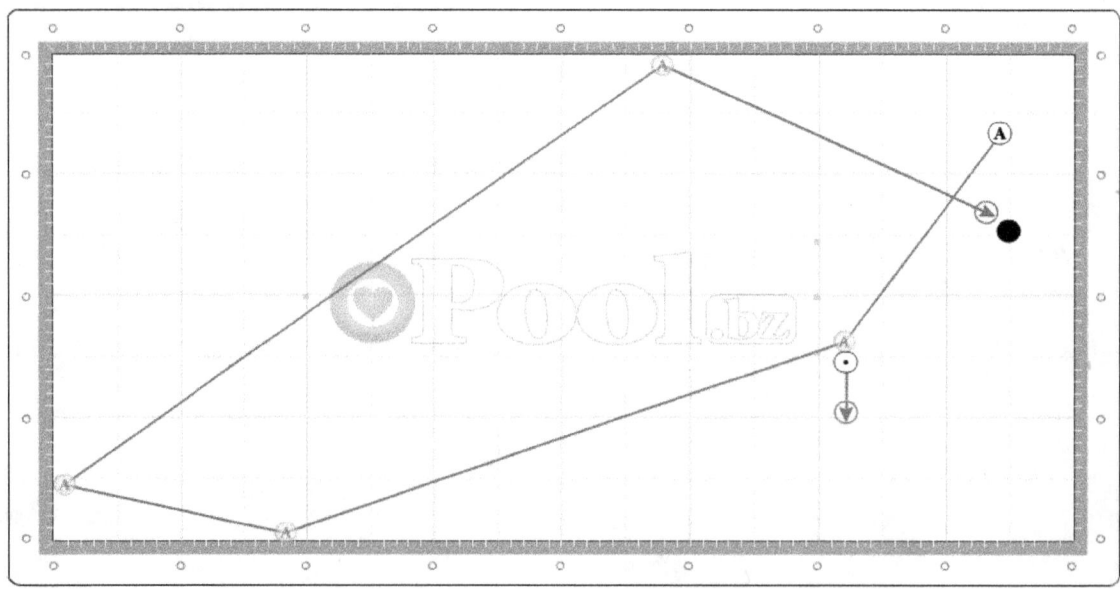

A:1d – Setup

Noter og ideer:

Afspilning mønster

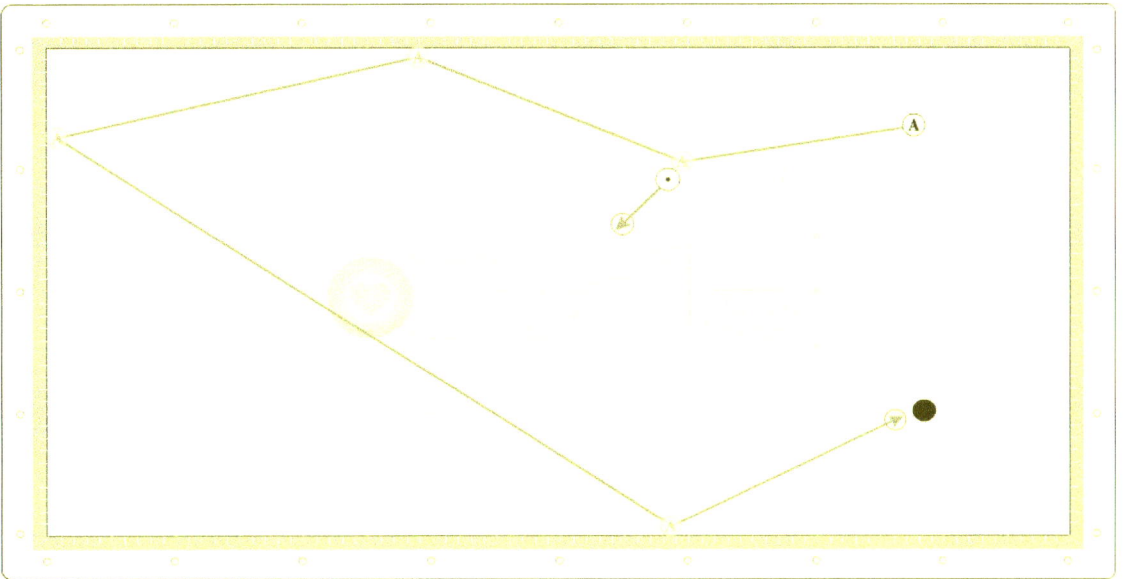

A: Gruppe 2

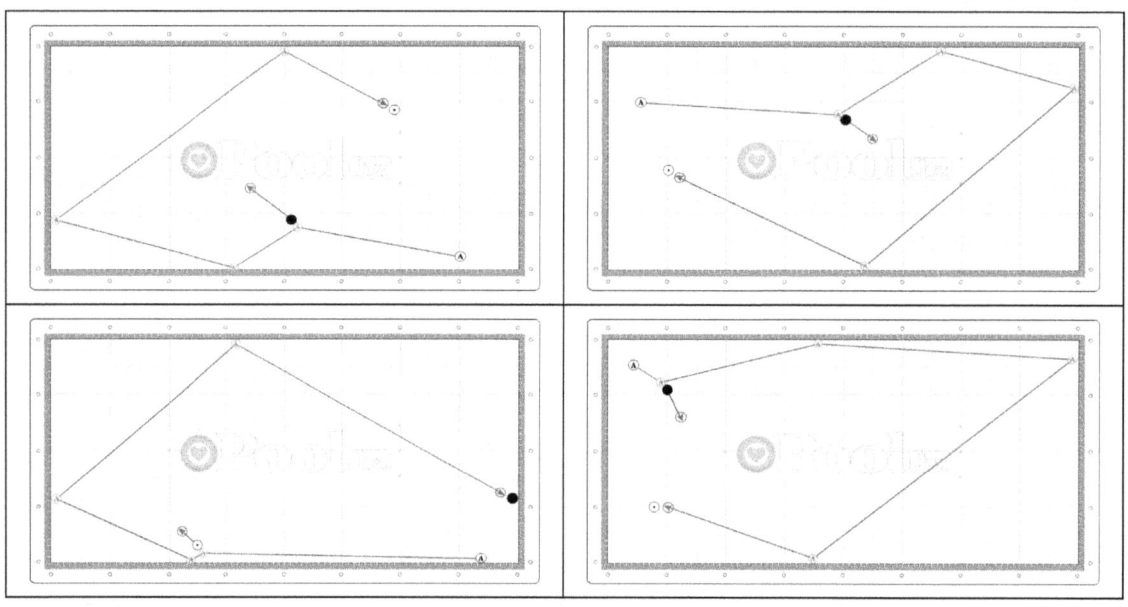

Analyse:

A:2a. _____

A:2b. _____

A:2c. _____

A:2d. _____

A:2a – Setup

Noter og ideer:

Afspilning mønster

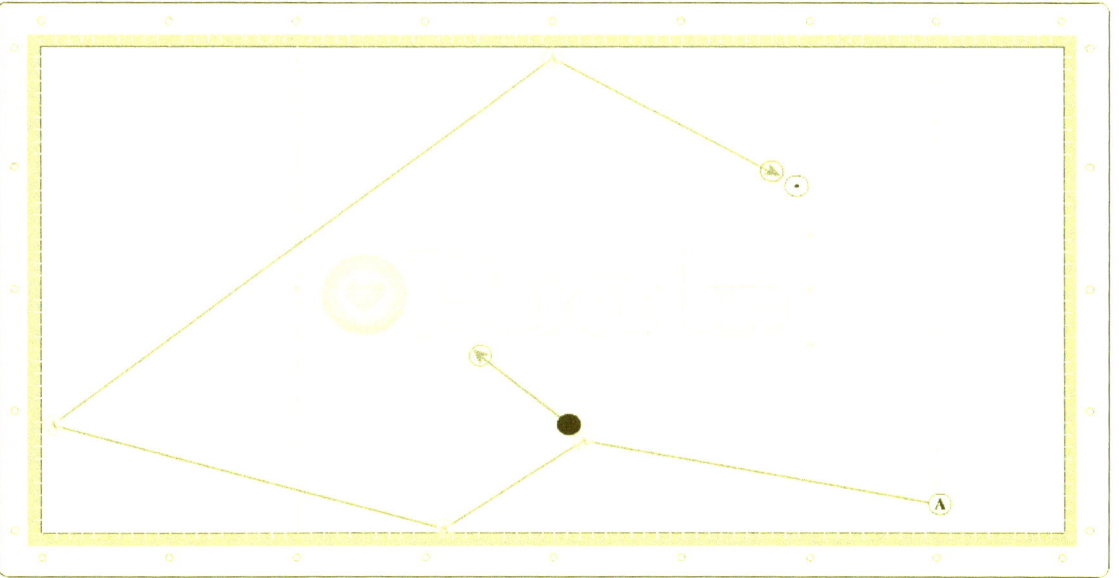

A:2b – Setup

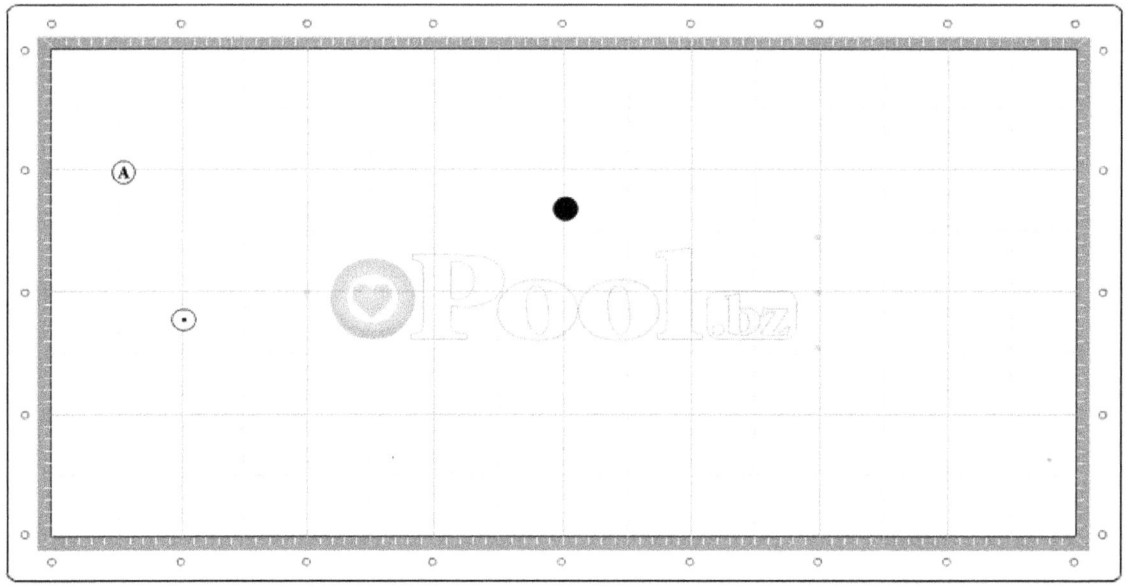

Noter og ideer:

Afspilning mønster

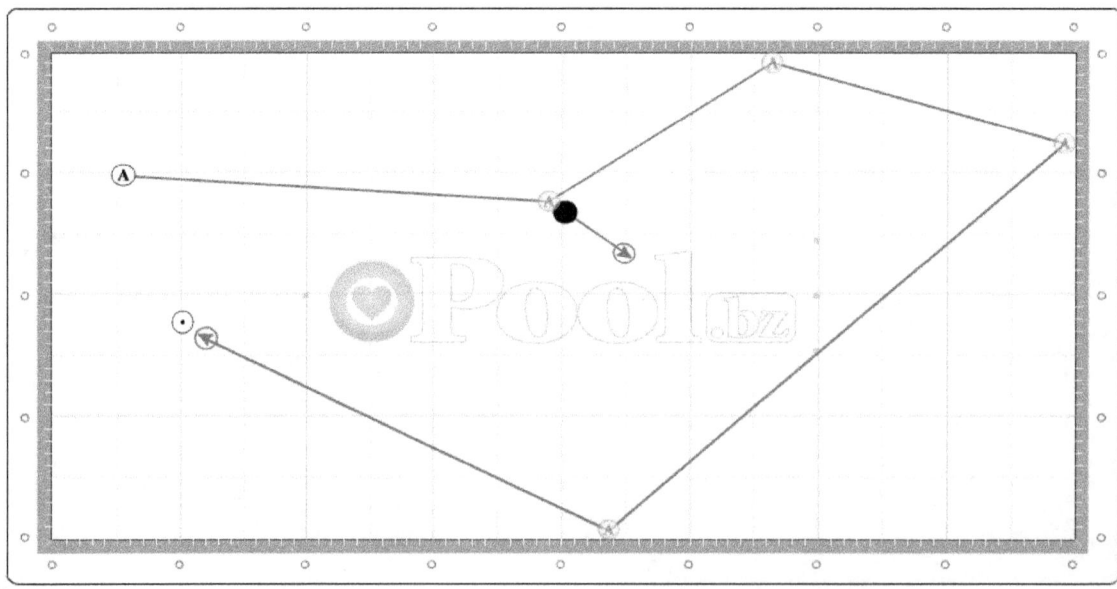

A:2c – Setup

Noter og ideer:

Afspilning mønster

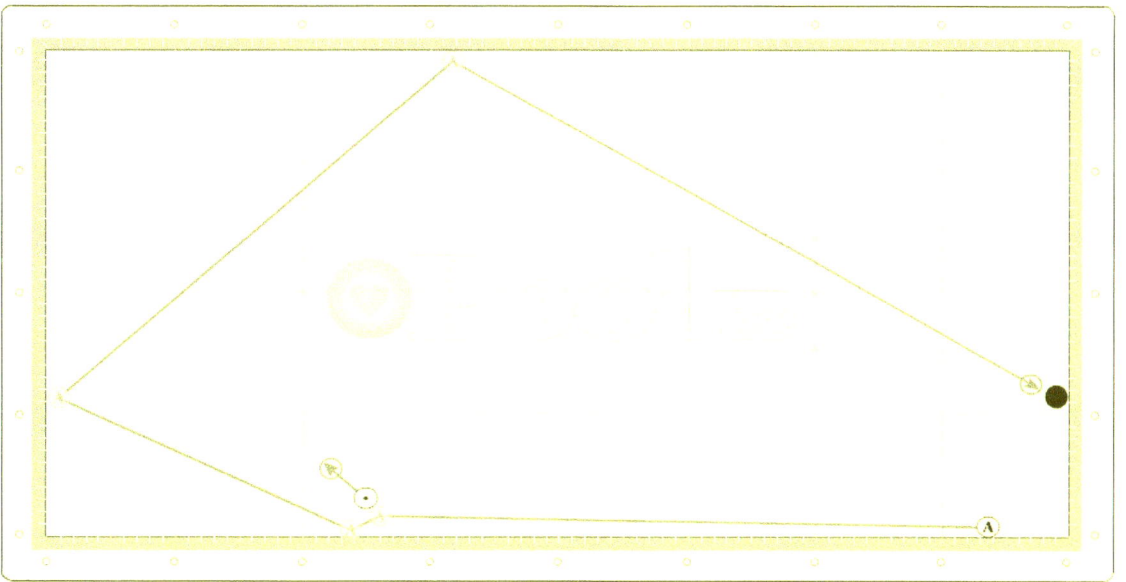

A:2d – Setup

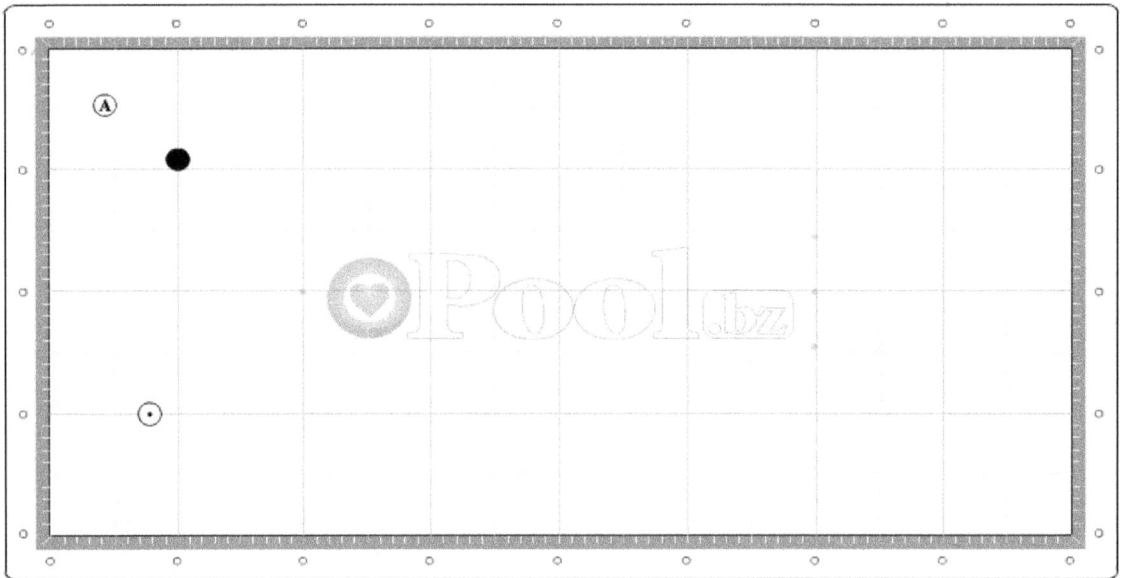

Noter og ideer:

Afspilning mønster

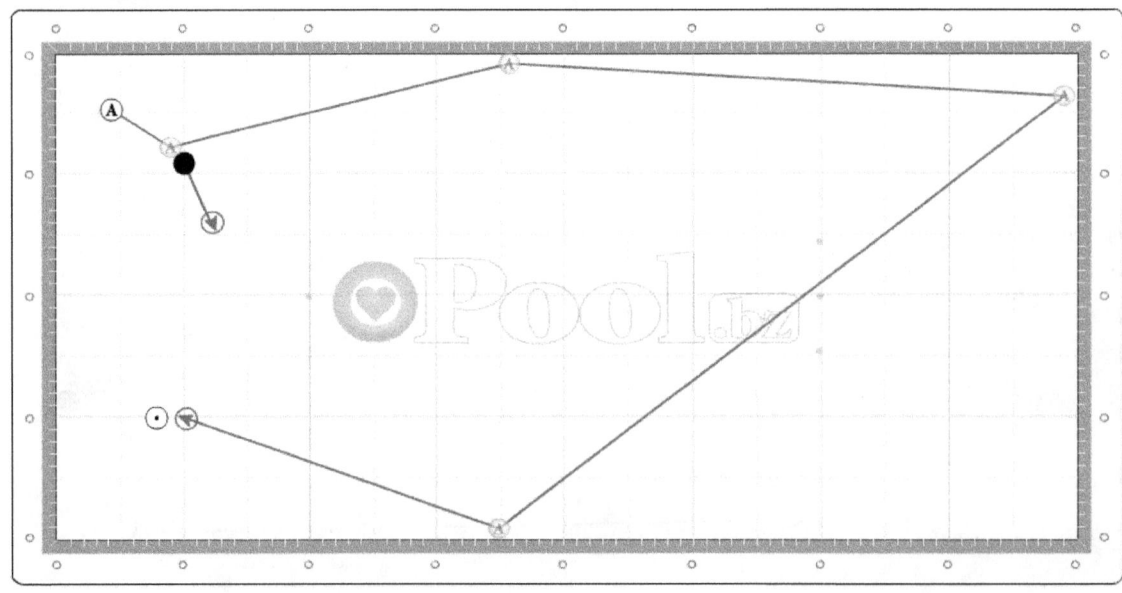

A: Gruppe 3

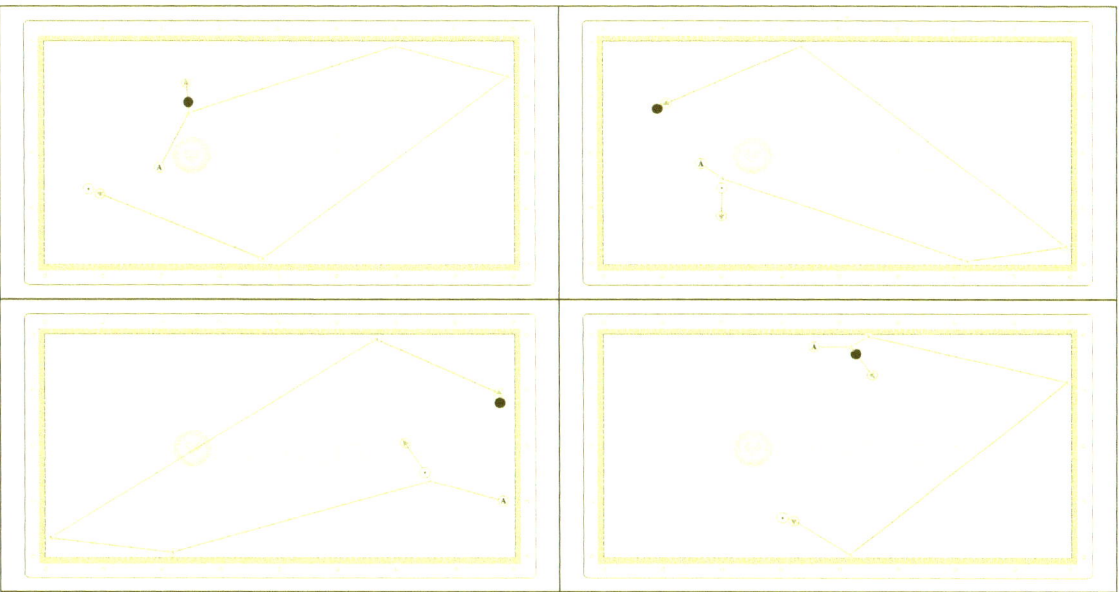

Analyse:

A:3a. _____

A:3b. _____

A:3c. _____

A:3d. _____

A:3a – Setup

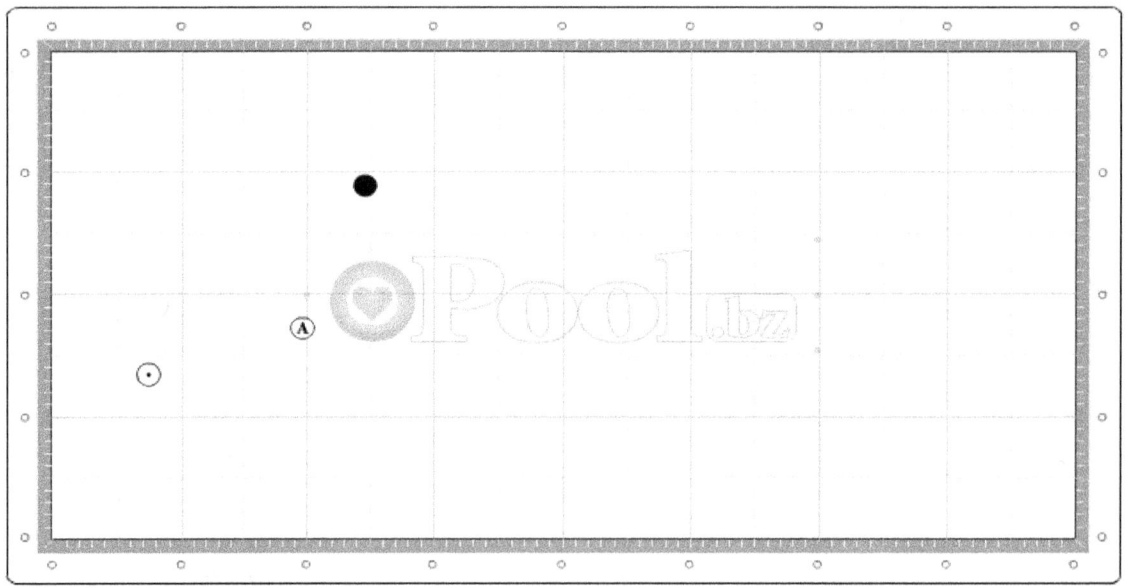

Noter og ideer:

Afspilning mønster

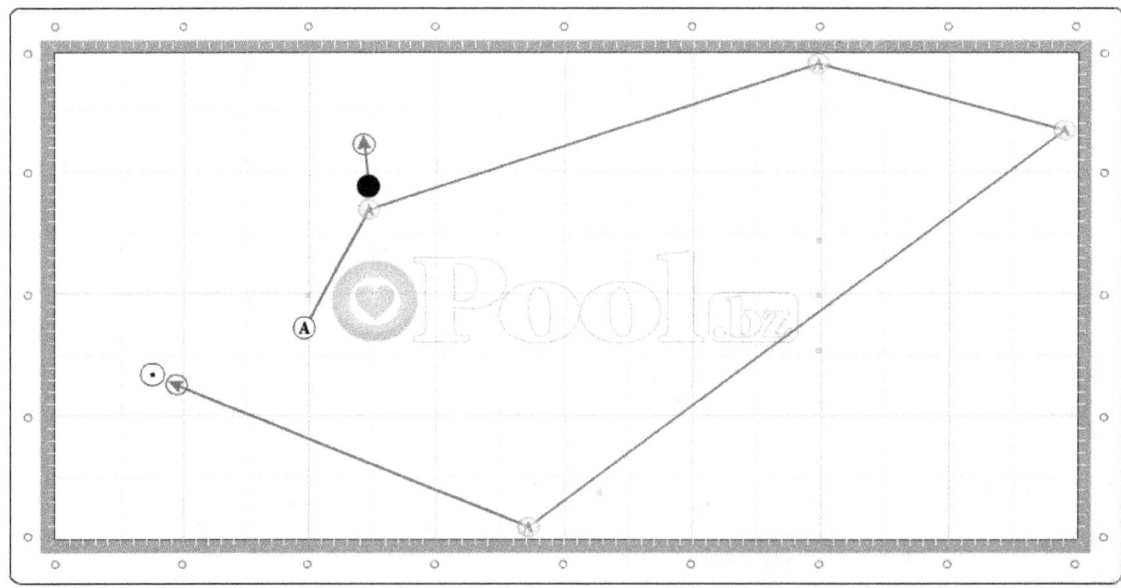

A:3b – Setup

Noter og ideer:

Afspilning mønster

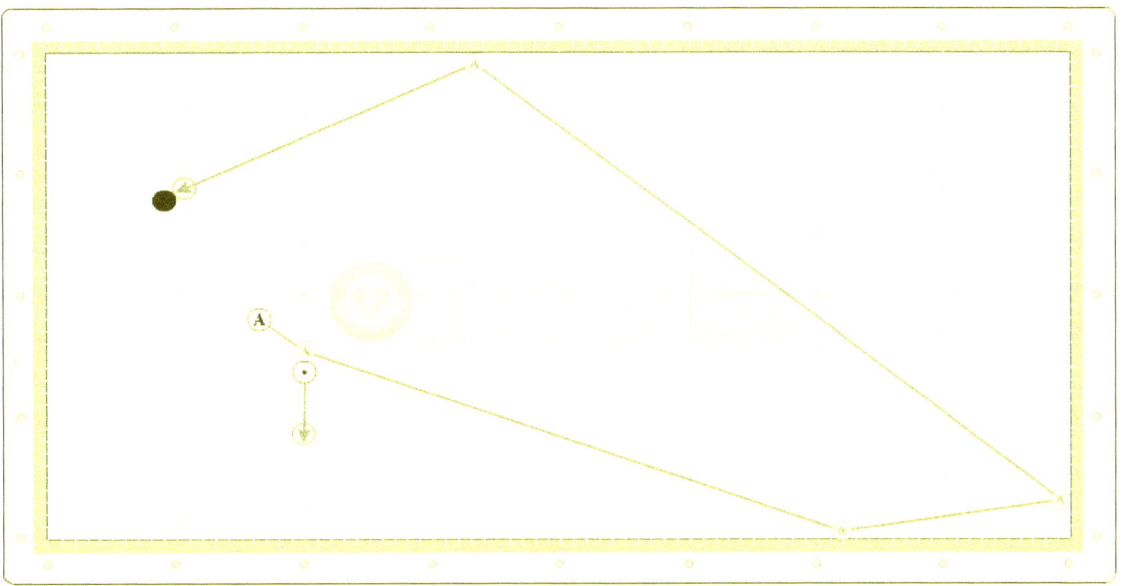

A:3c – Setup

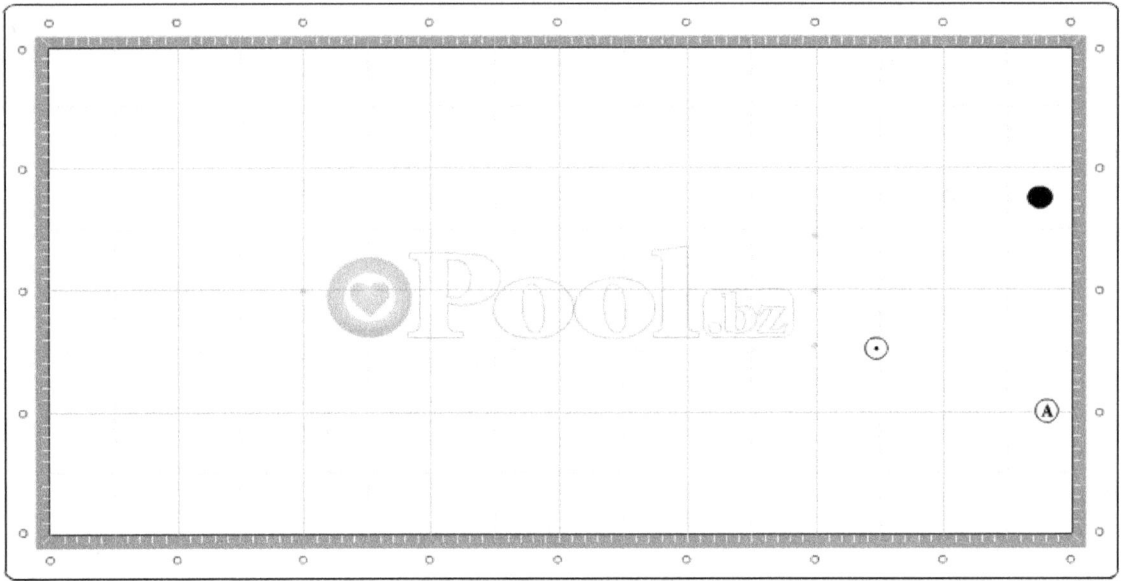

Noter og ideer:

Afspilning mønster

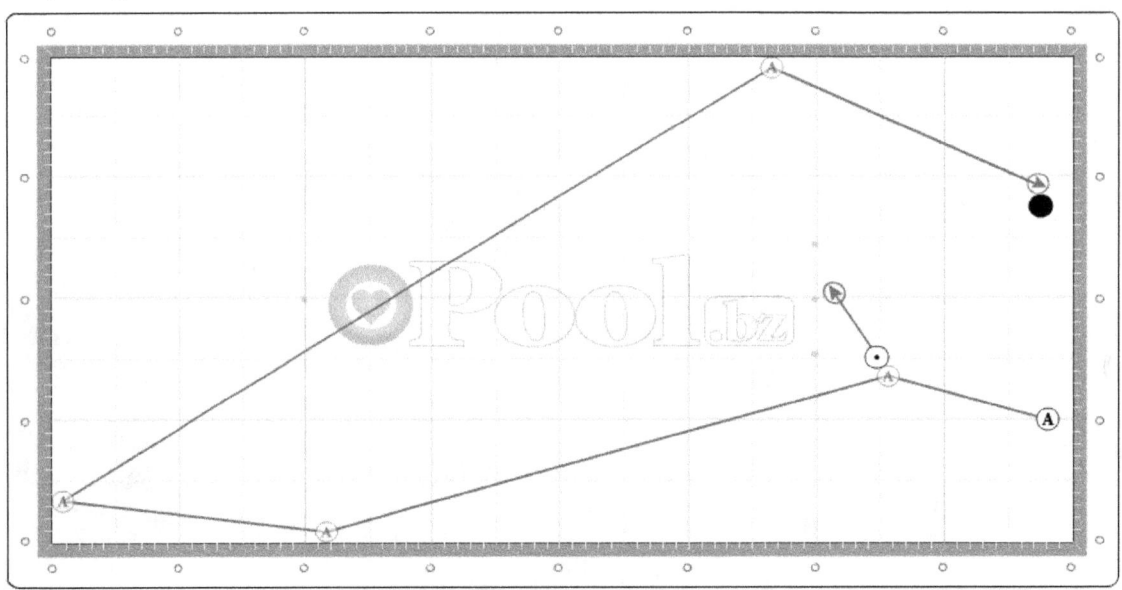

A:3d – Setup

Noter og ideer:

Afspilning mønster

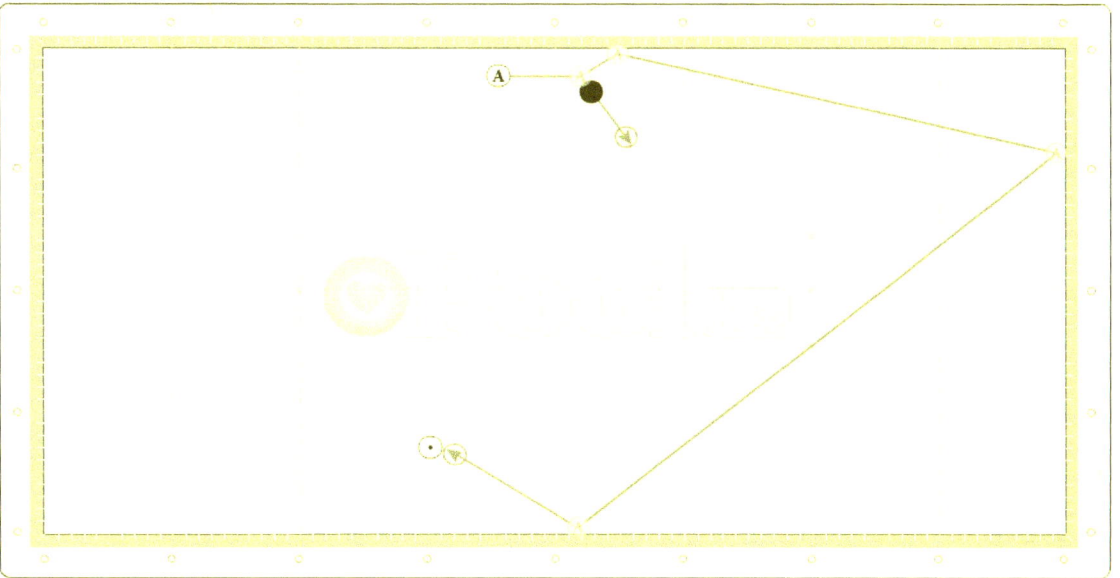

A: Gruppe 4

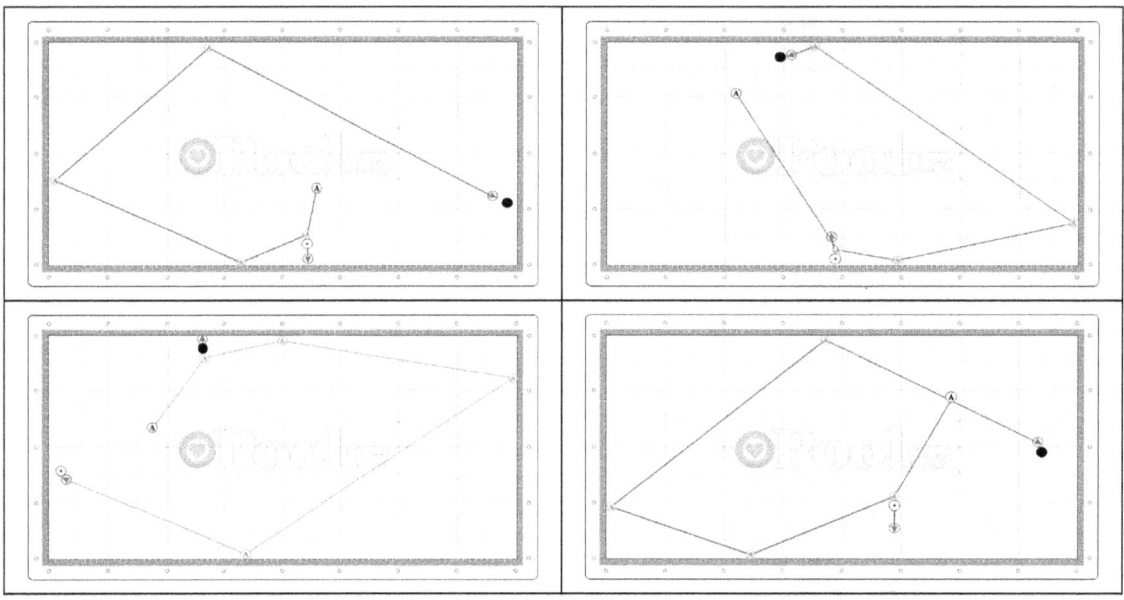

Analyse:

A:4a. _____

A:4b. _____

A:4c. _____

A:4d. _____

A:4a – Setup

Noter og ideer:

Afspilning mønster

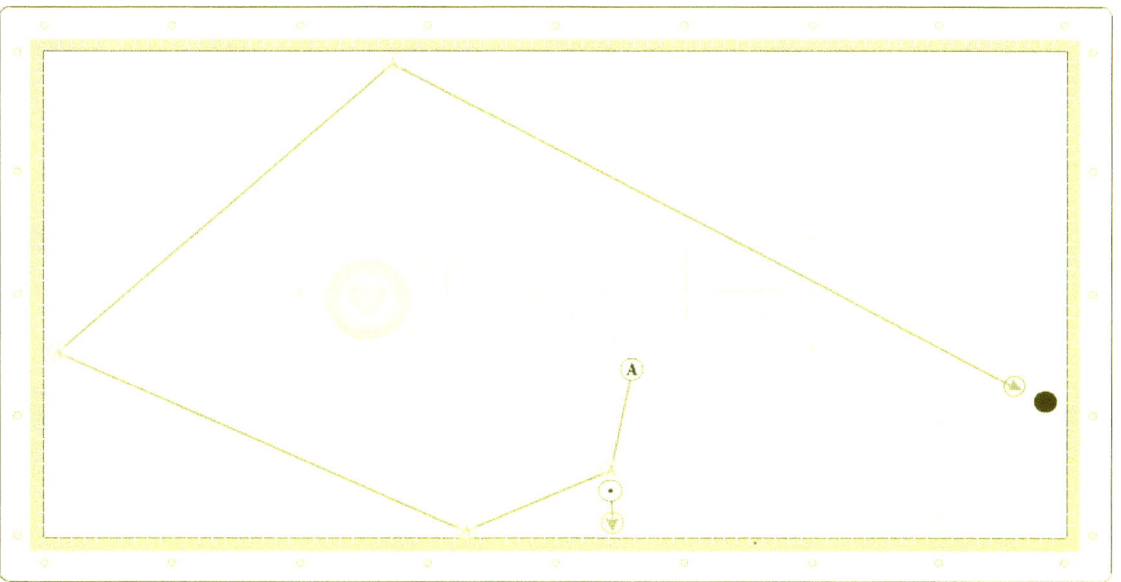

A:4b – Setup

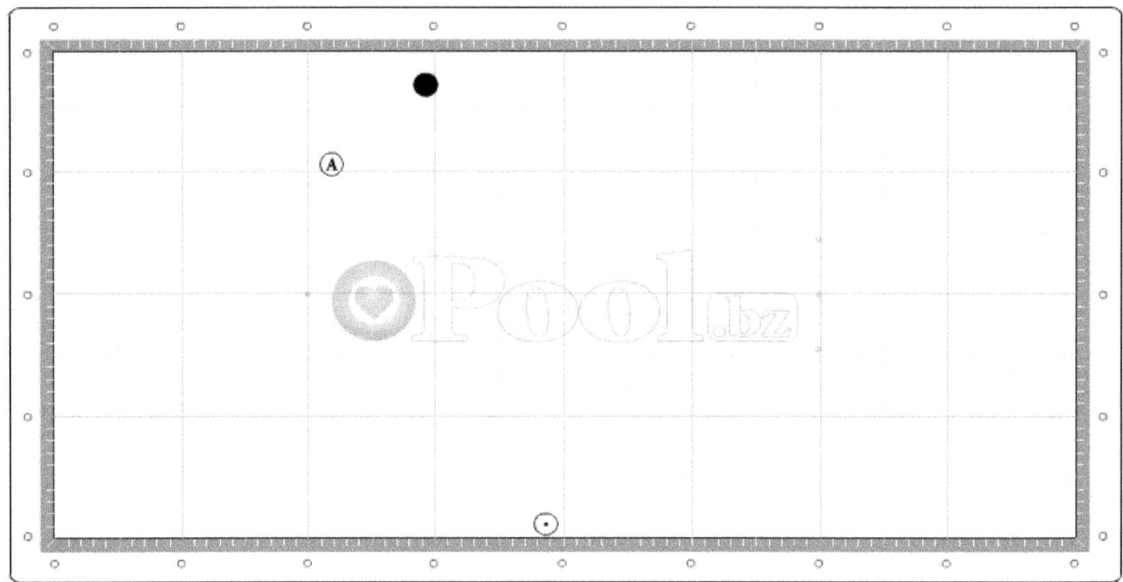

Noter og ideer:

Afspilning mønster

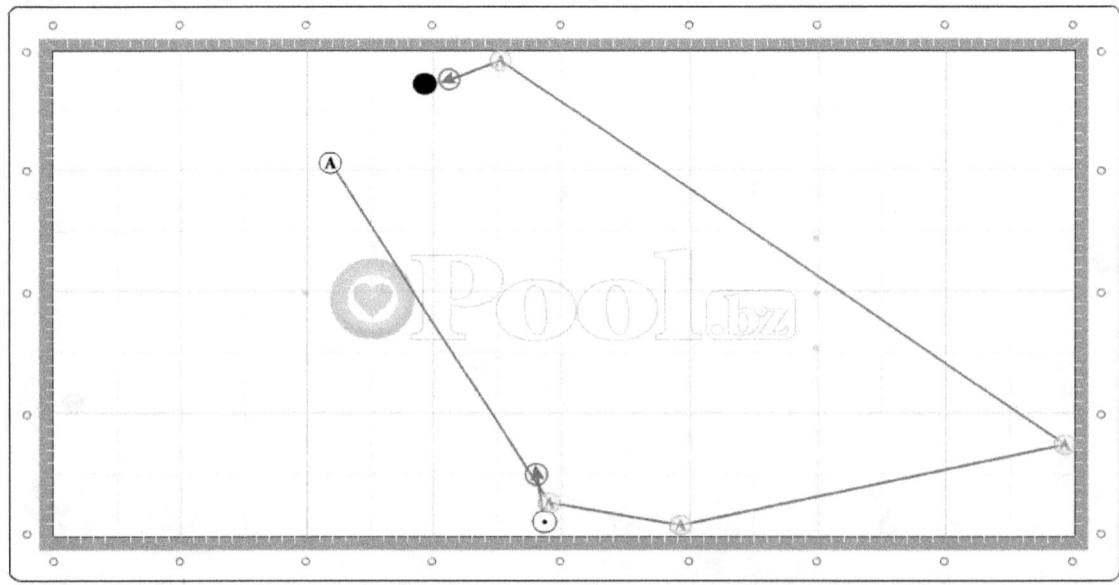

A:4c – Setup

Noter og ideer:

Afspilning mønster

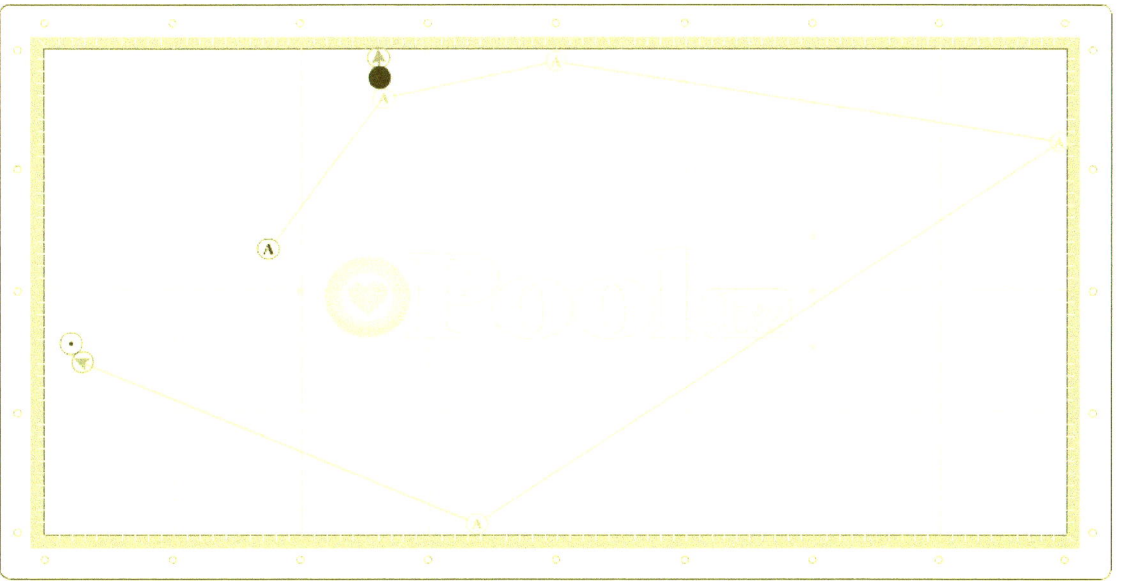

A:4d – Setup

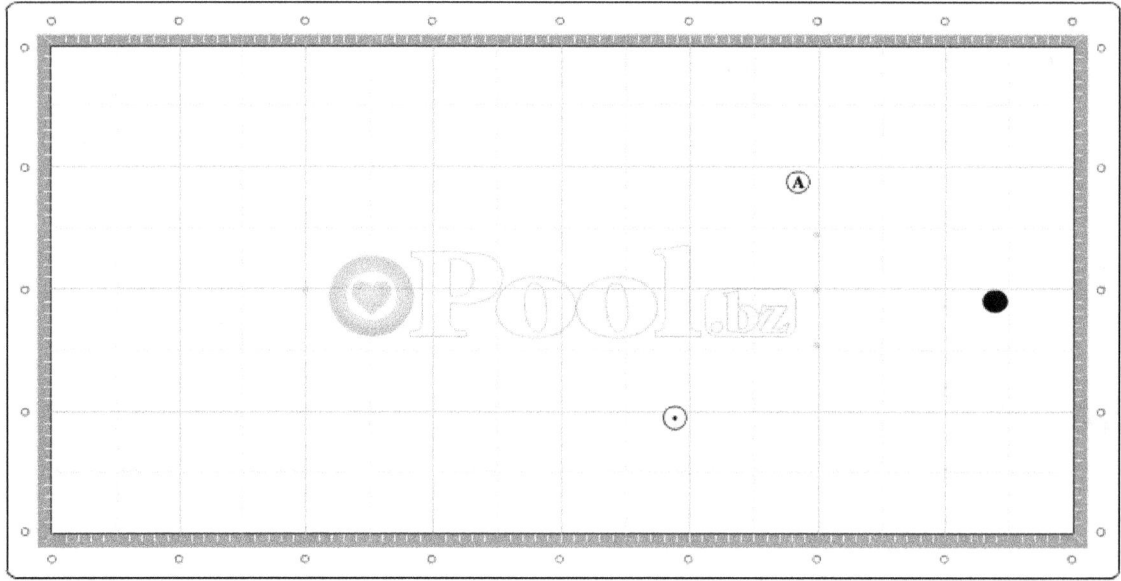

Noter og ideer:

Afspilning mønster

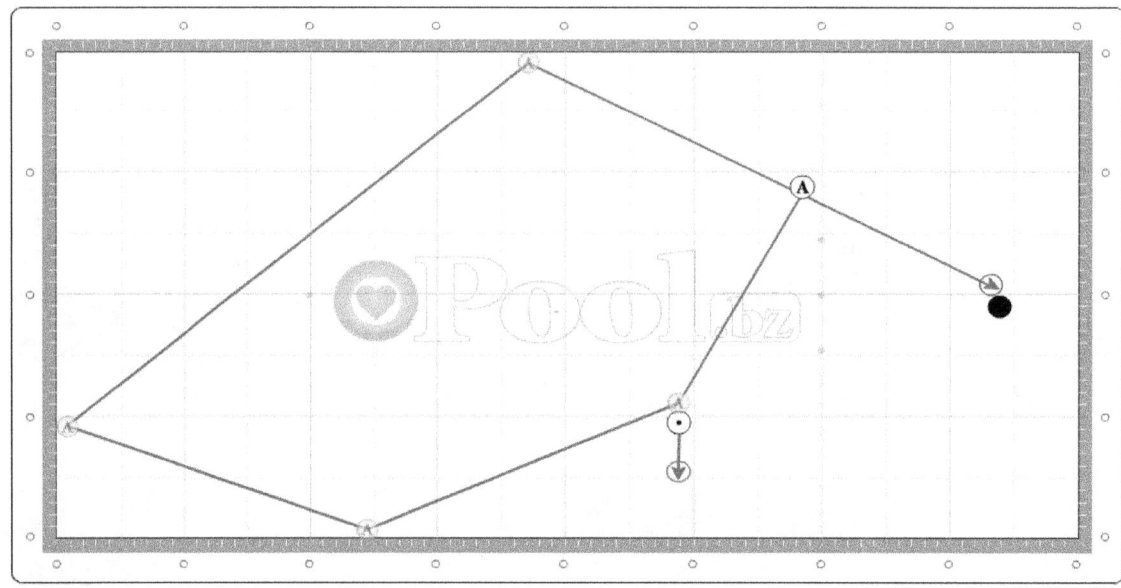

A: Gruppe 5

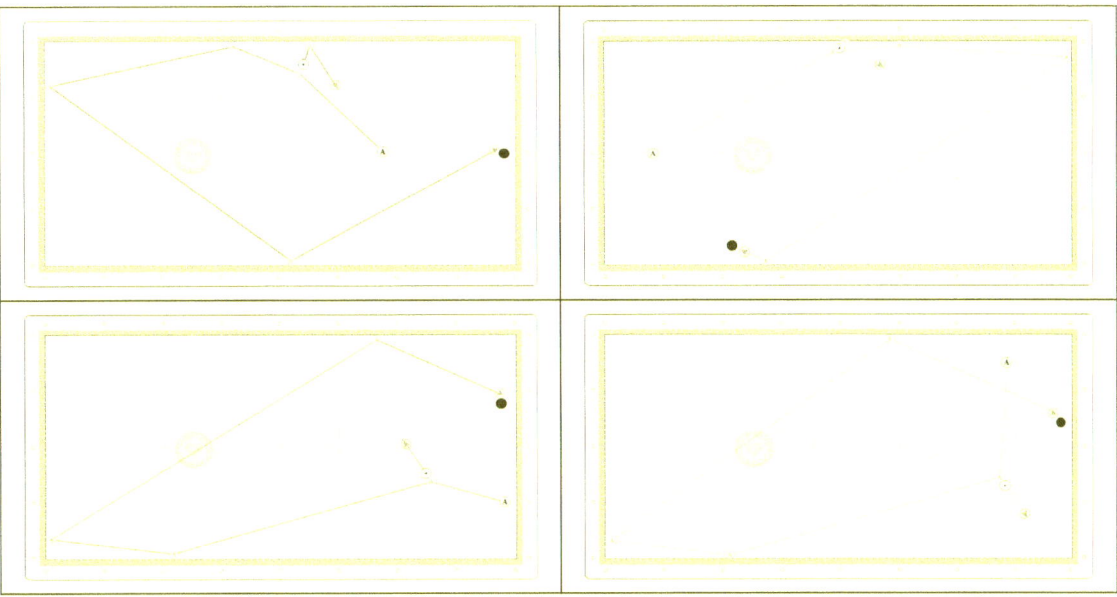

Analyse:

A:5a. _____

A:5b. _____

A:5c. _____

A:5d. _____

A:5a – Setup

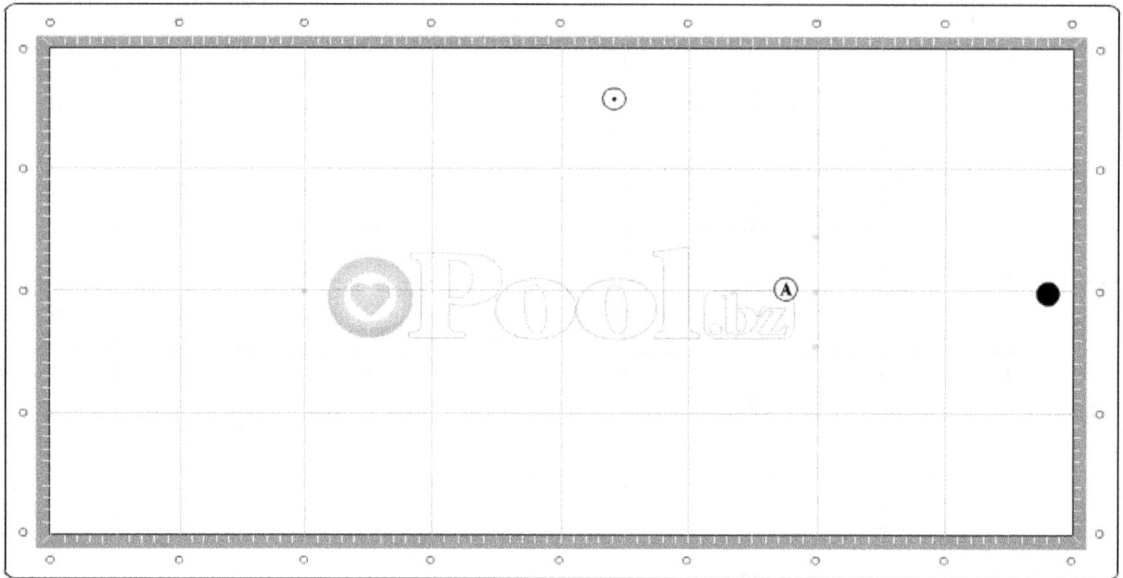

Noter og ideer:

Afspilning mønster

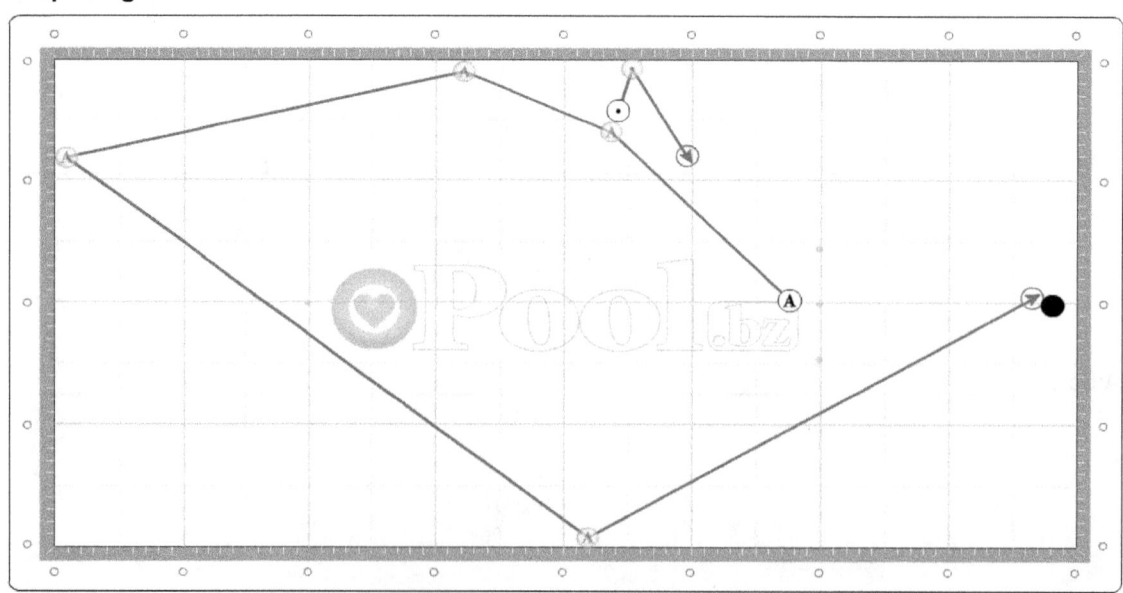

A:5b – Setup

Noter og ideer:

Afspilning mønster

A:5c – Setup

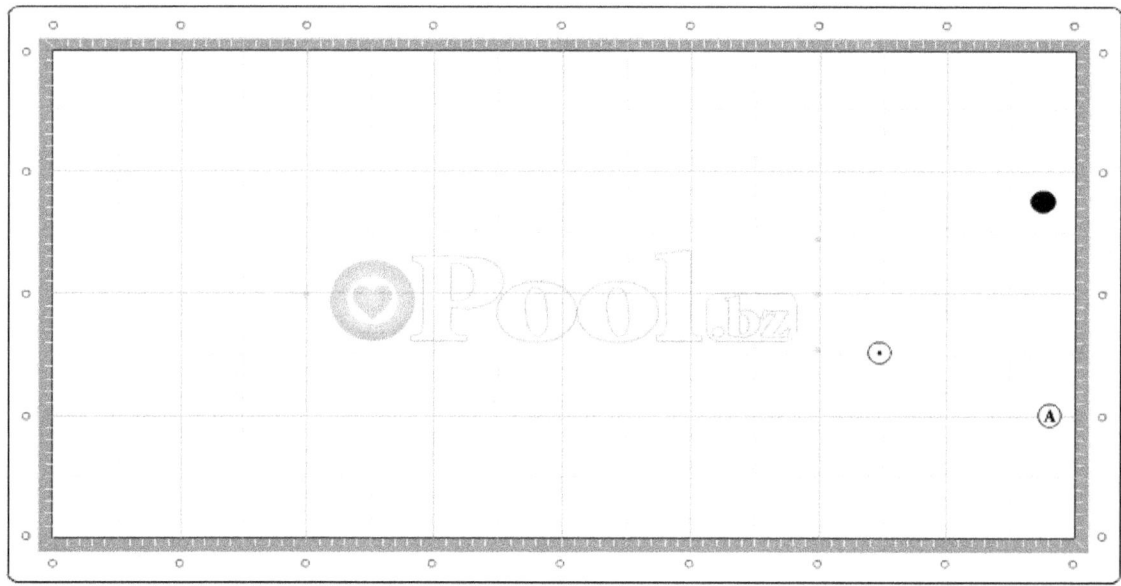

Noter og ideer:

Afspilning mønster

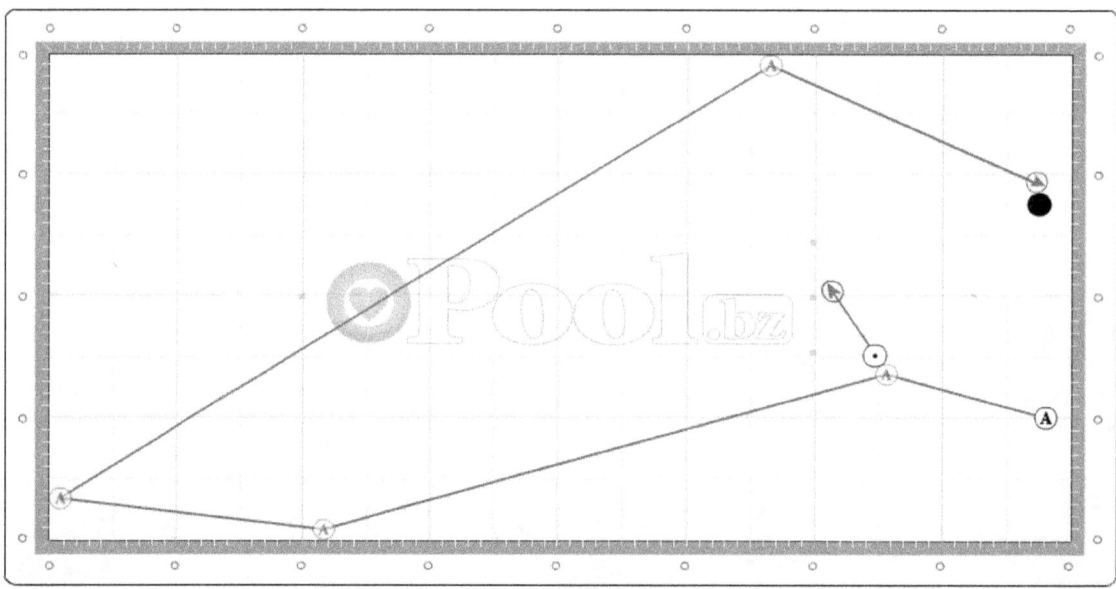

A:5d – Setup

Noter og ideer:

Afspilning mønster

B: Fuld cirkel (kort bande)

Den (CB) kommer ud af den første (OB) og ind i en kort bande. Den (CB) går så ind i den lange bande og ind i den modsatte korte bande.

Ⓐ (CB) (din billardkugle) – ⊙ (OB) (modstander billardkugle) – ● (OB) (rød billardkugle)

B: Gruppe 1

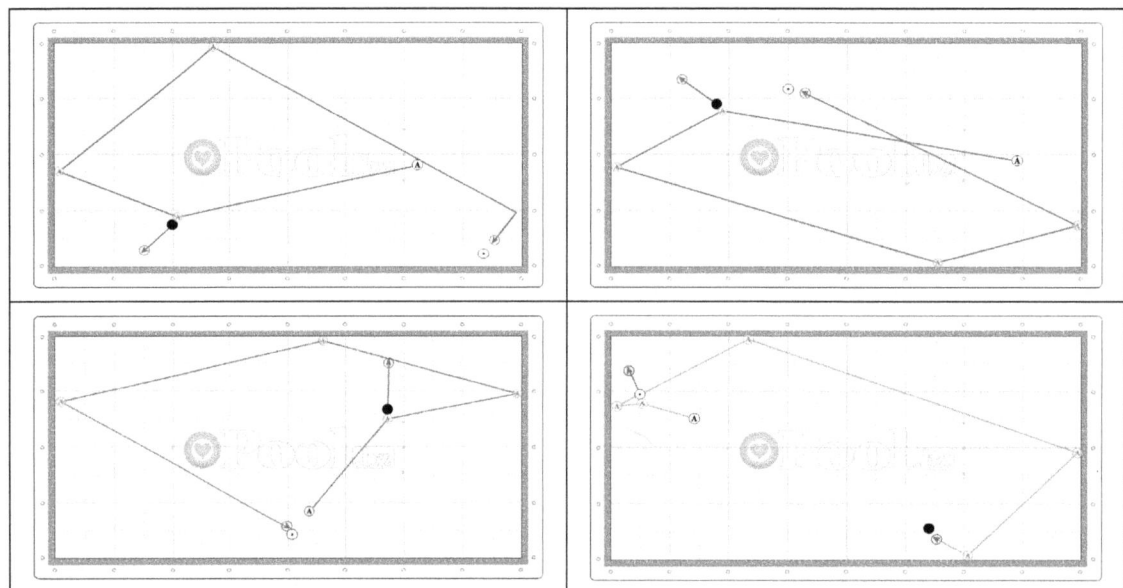

Analyse:

B:1a. _____

B:1b. _____

B:1c. _____

B:1d. _____

B:1a – Setup

Noter og ideer:

Afspilning mønster

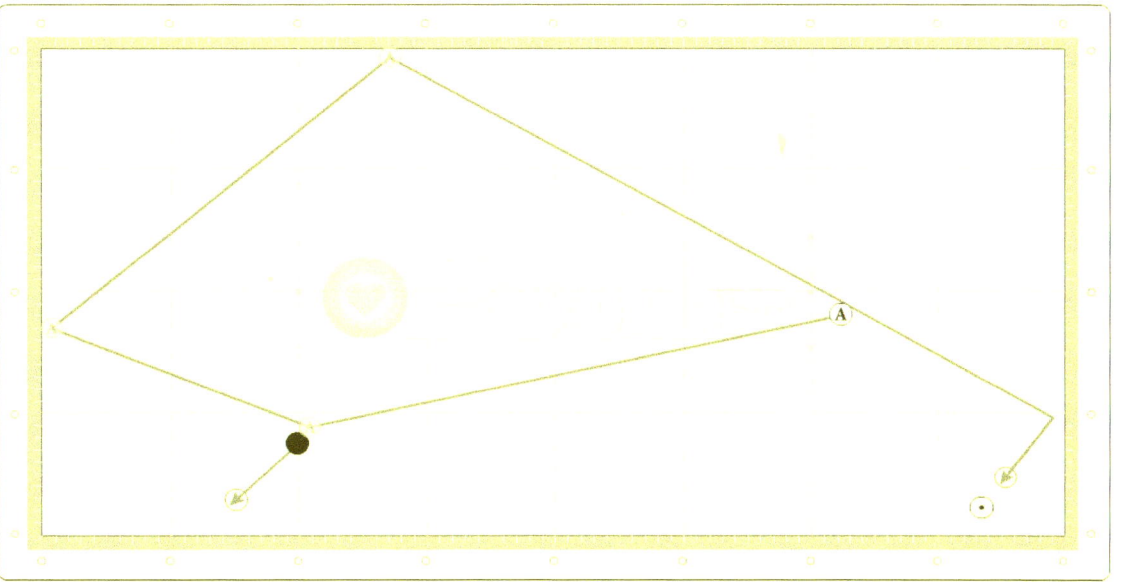

B:1b – Setup

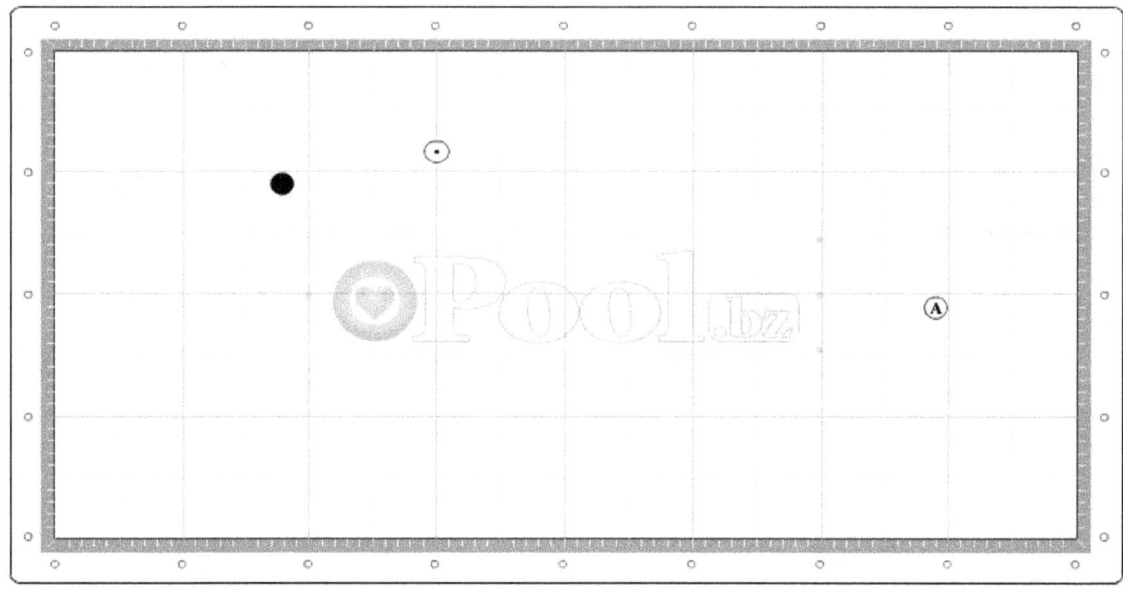

Noter og ideer:

Afspilning mønster

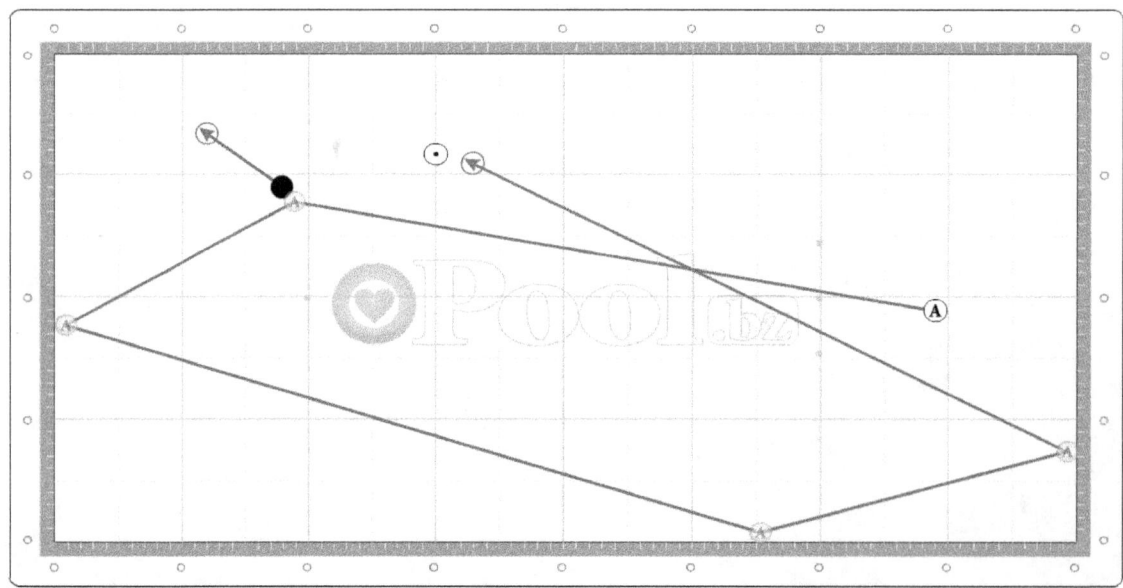

B:1c – Setup

Noter og ideer:

Afspilning mønster

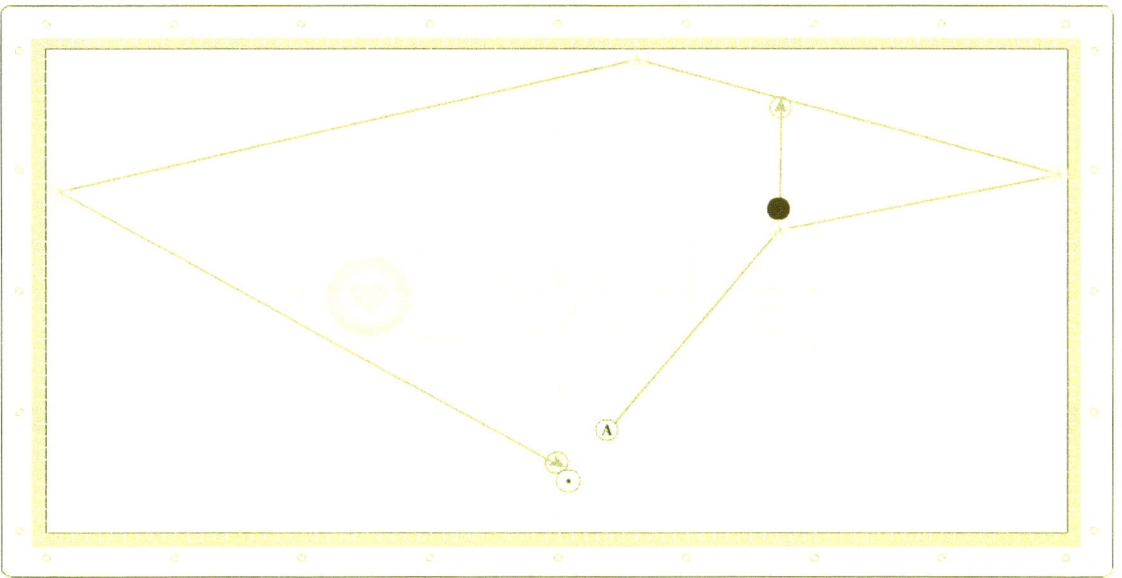

B:1d – Setup

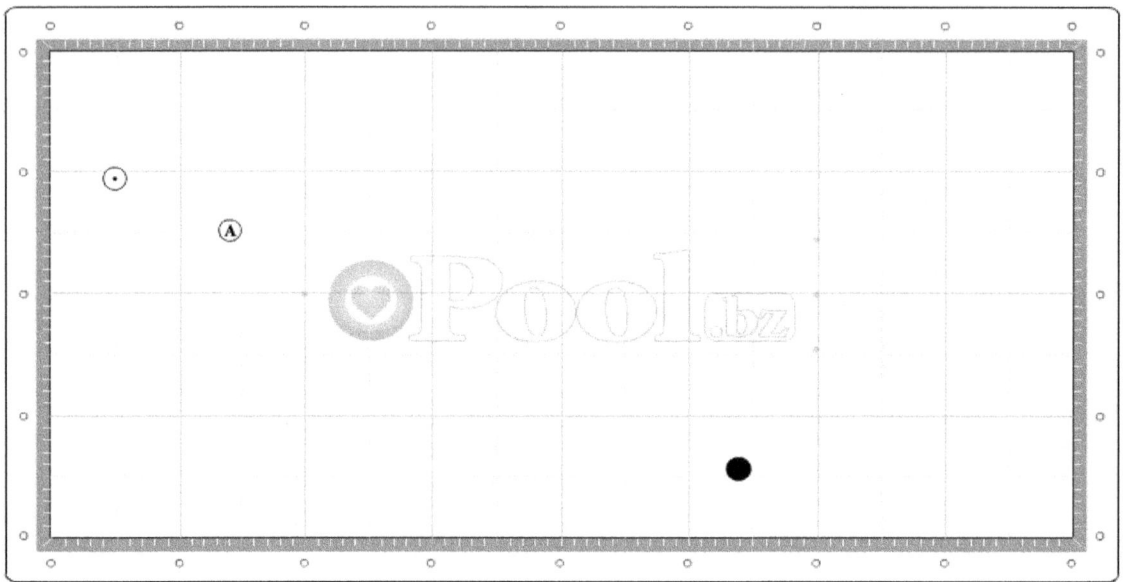

Noter og ideer:

Afspilning mønster

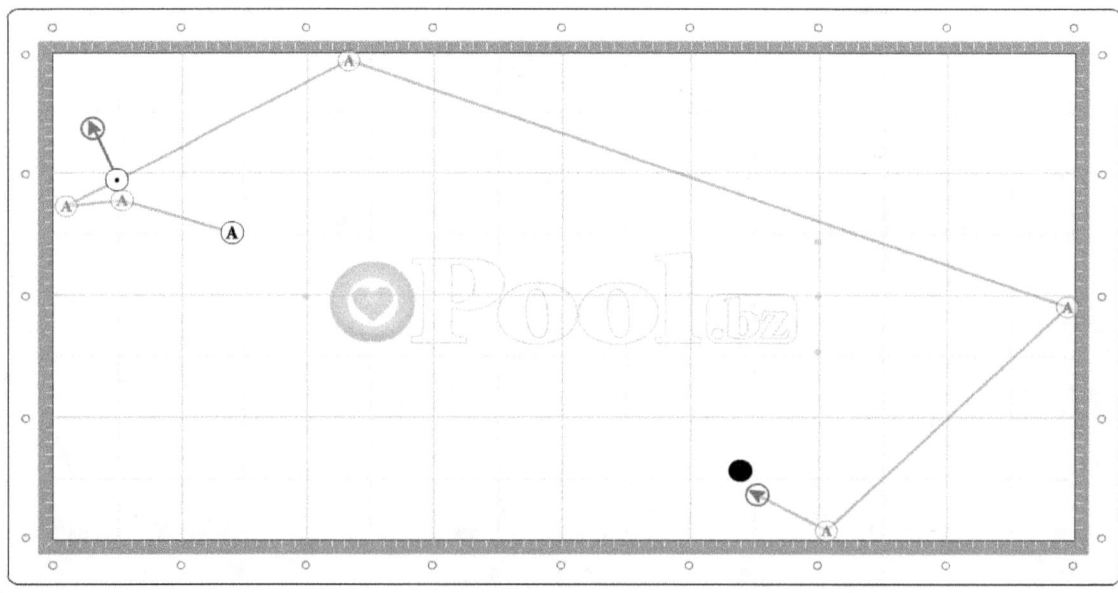

B: Gruppe 2

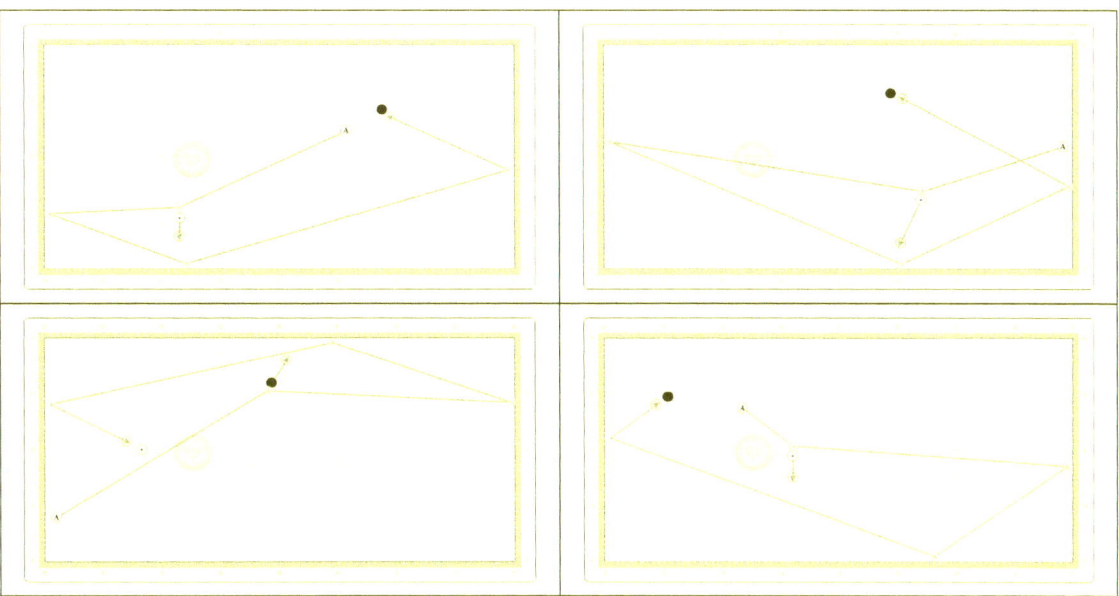

Analyse:

B:2a. _____

B:2b. _____

B:2c. _____

B:2d. _____

B:2a – Setup

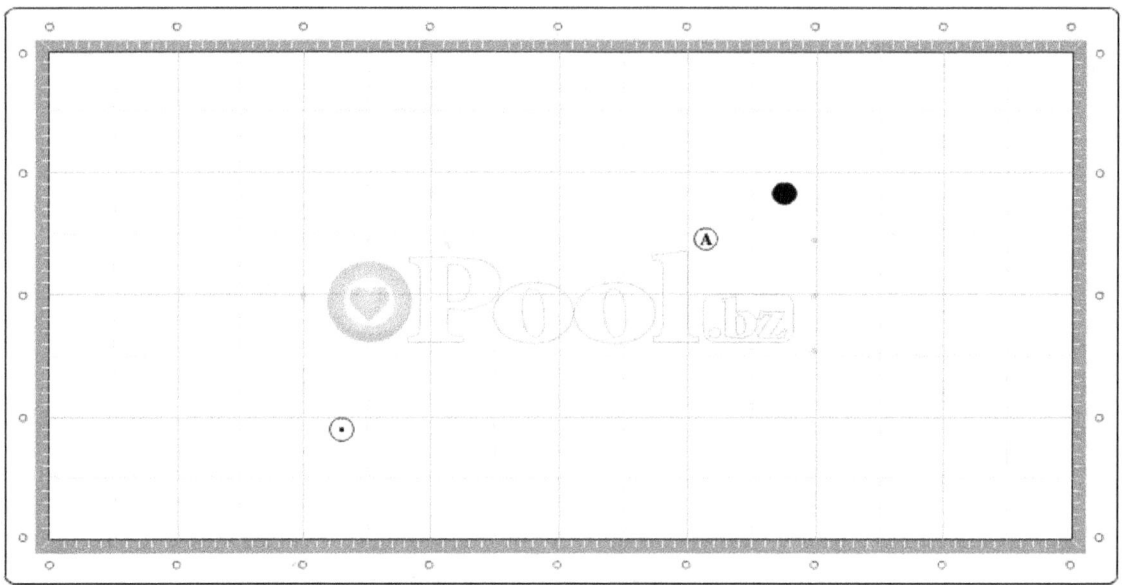

Noter og ideer:

Afspilning mønster

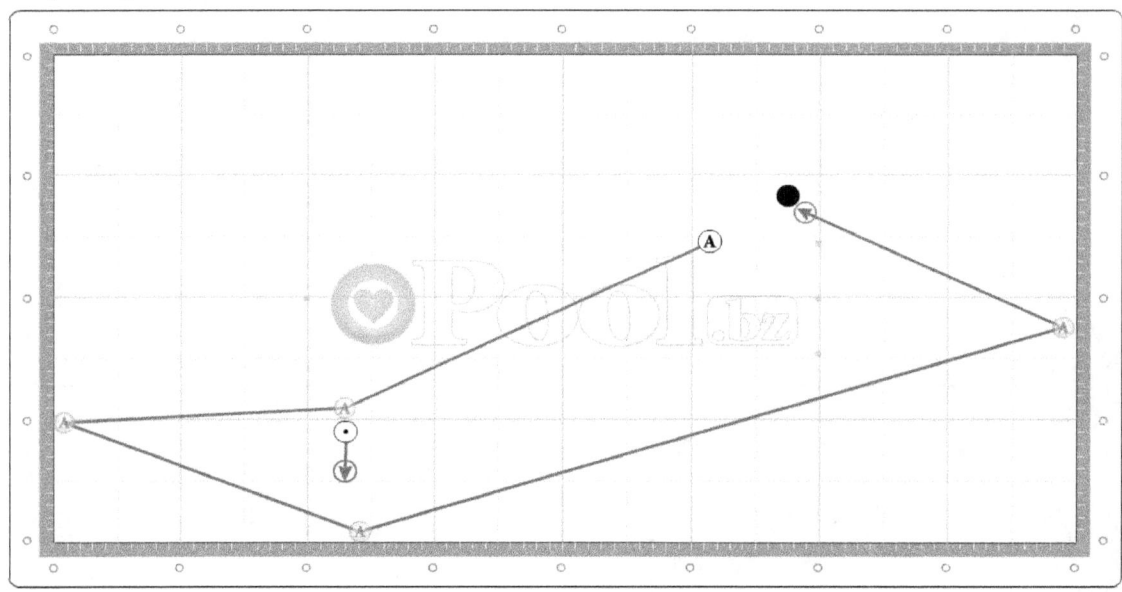

B:2b – Setup

Noter og ideer:

Afspilning mønster

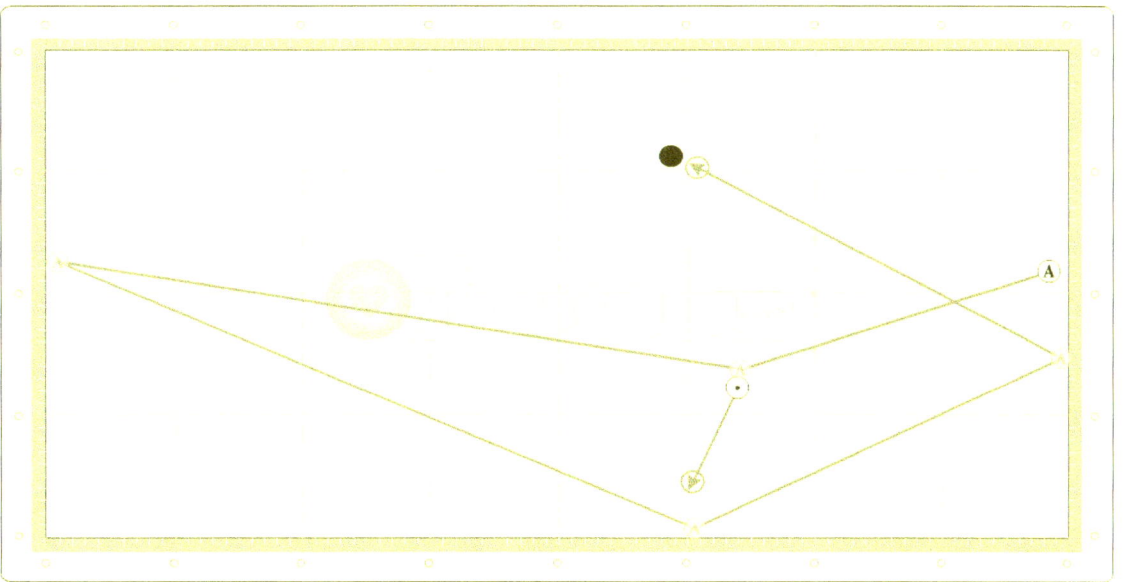

B:2c – Setup

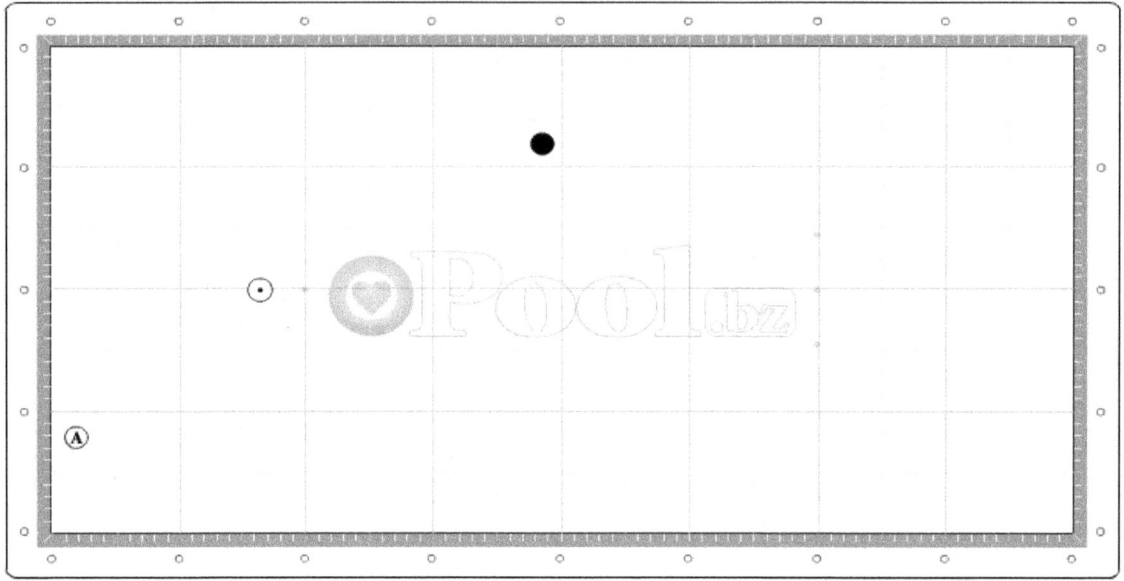

Noter og ideer:

Afspilning mønster

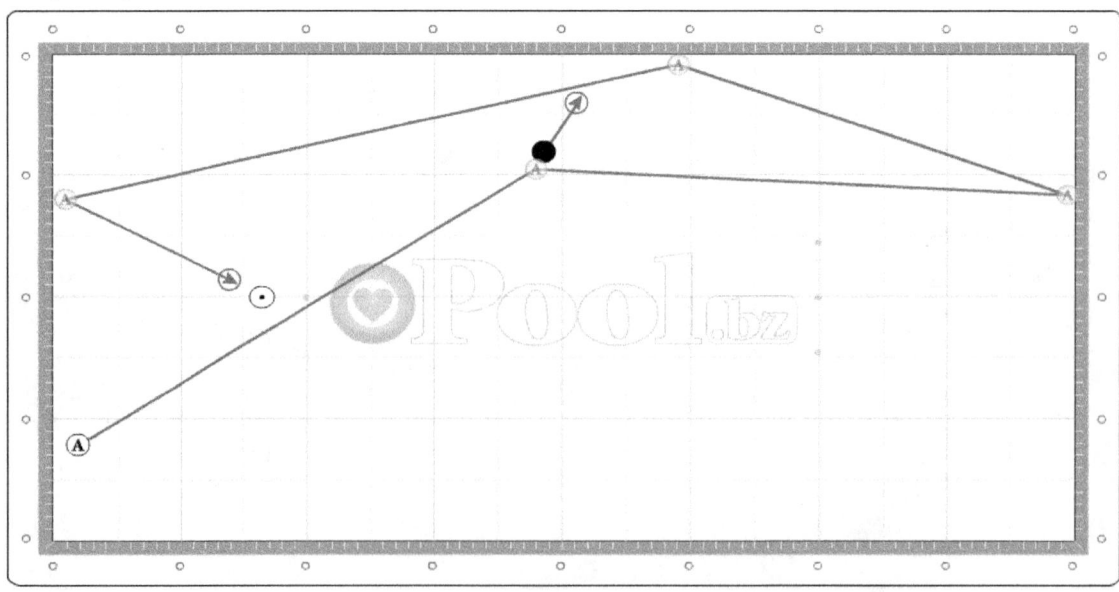

B:2d – Setup

Noter og ideer:

Afspilning mønster

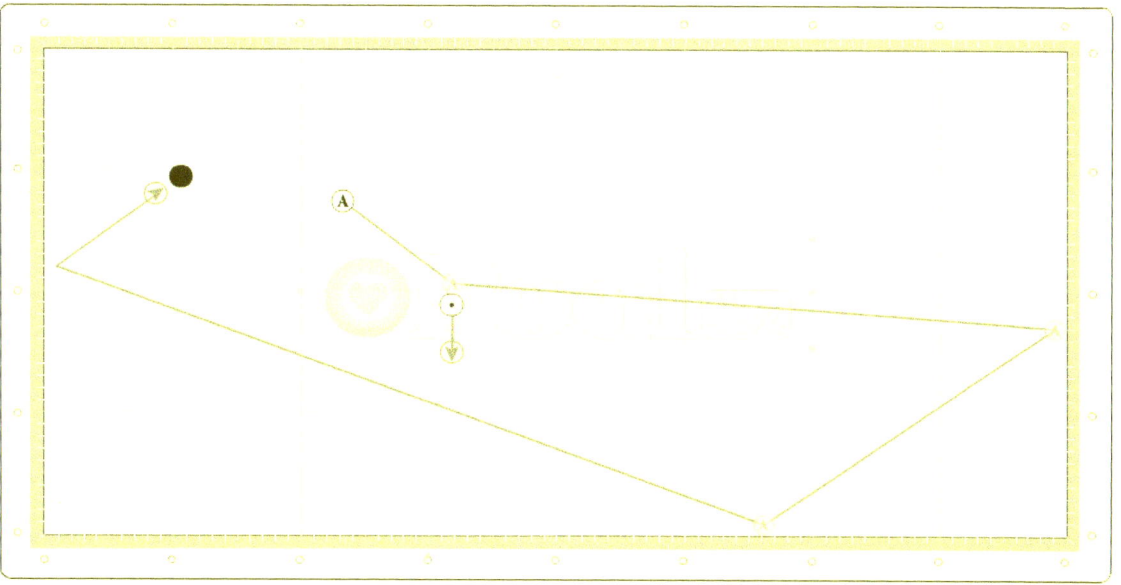

B: Gruppe 3

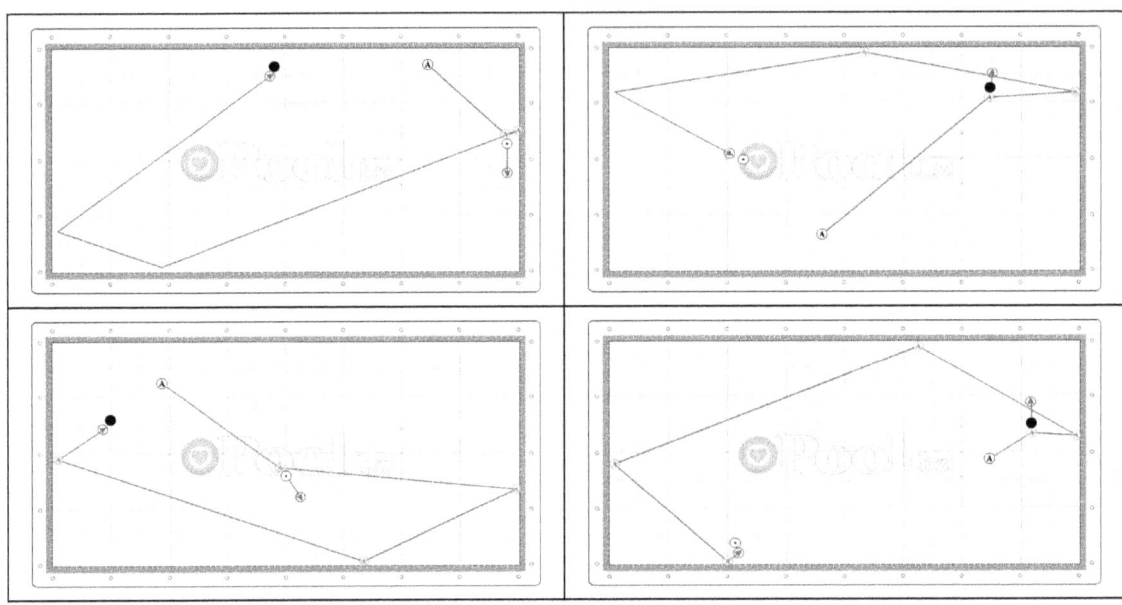

Analyse:

B:2a. _____

B:2b. _____

B:2c. _____

B:2d. _____

B:3a – Setup

Noter og ideer:

Afspilning mønster

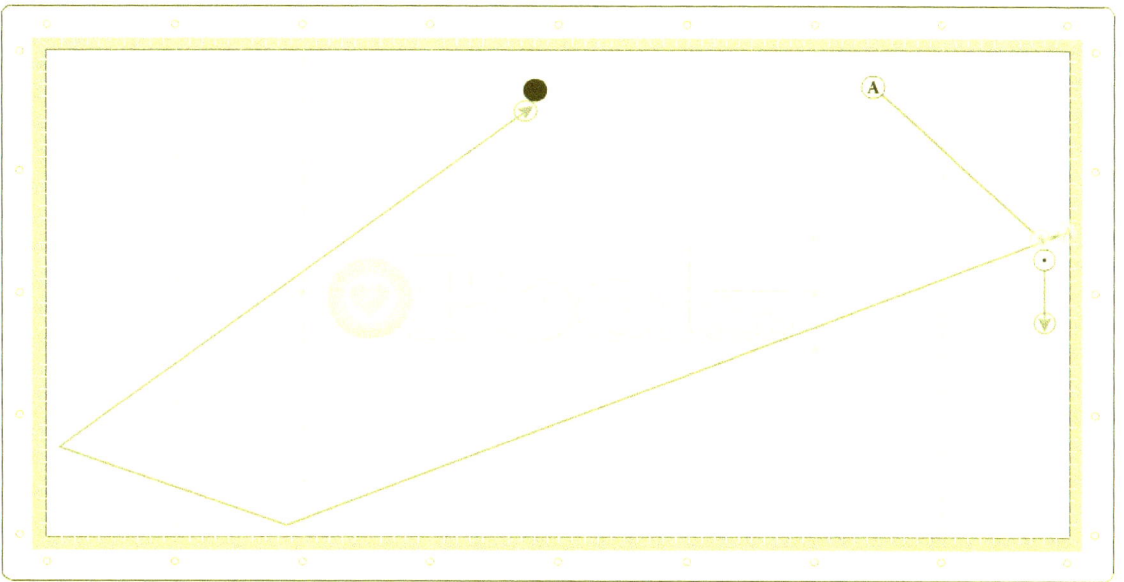

B:3b – Setup

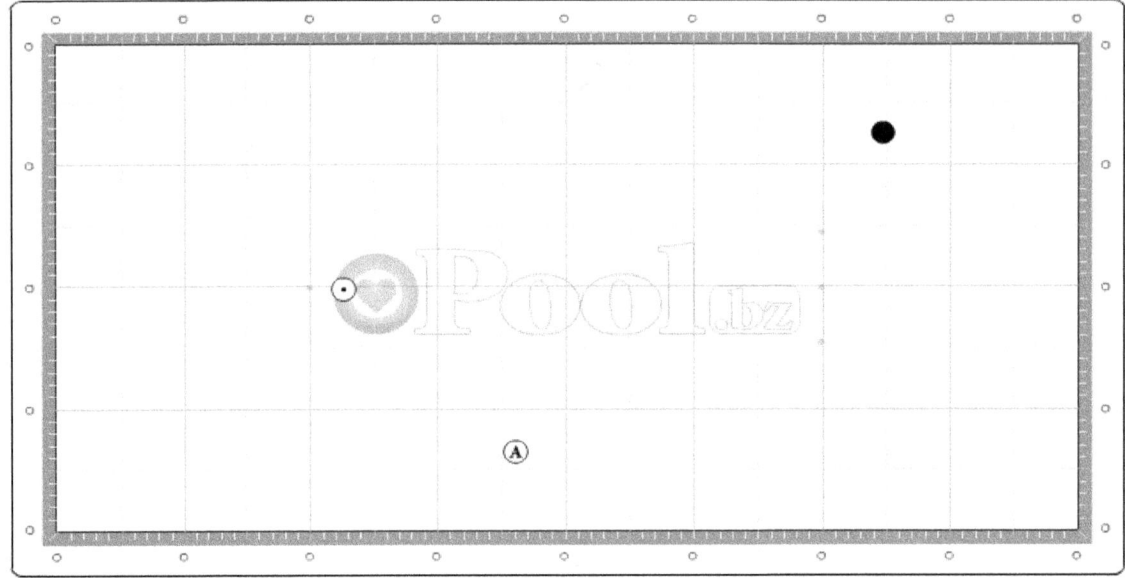

Noter og ideer:

Afspilning mønster

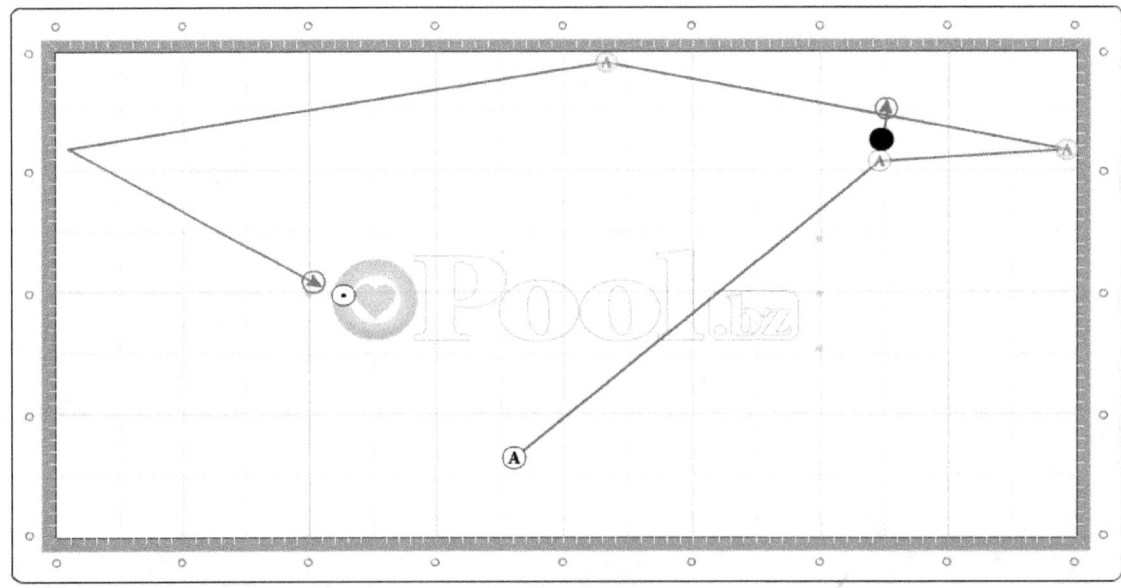

3-bande carambole: Fuld bord cirkel mønstre

B:3c – Setup

Noter og ideer:

Afspilning mønster

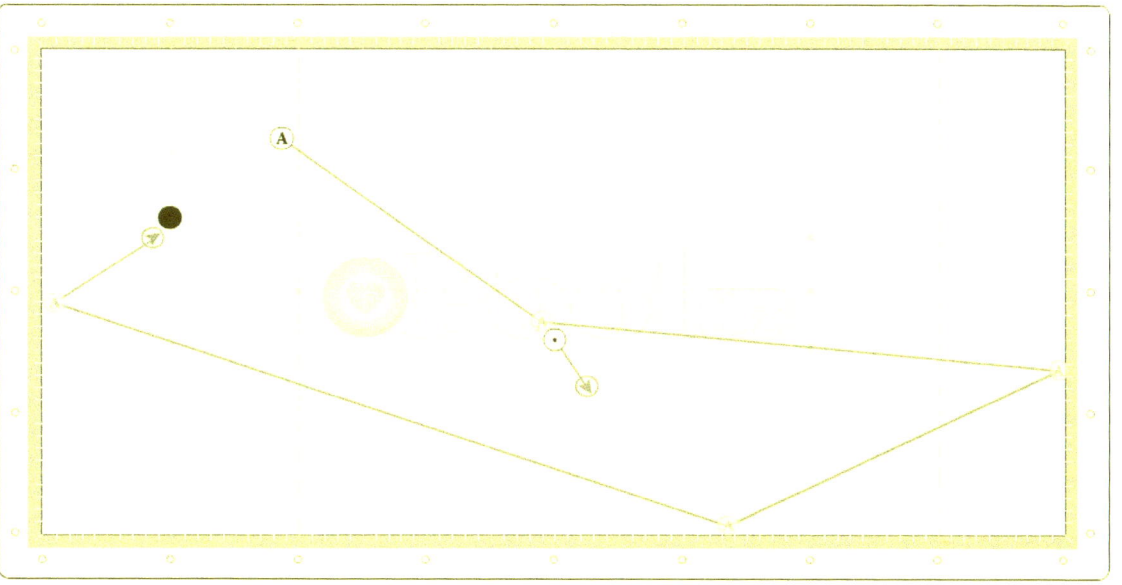

B:3d – Setup

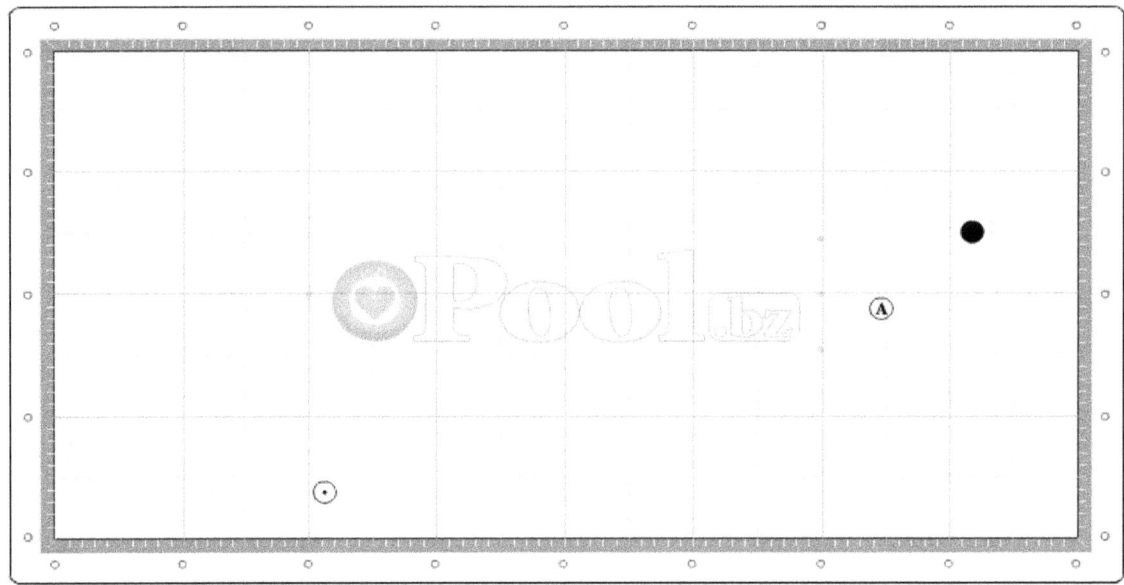

Noter og ideer:

Afspilning mønster

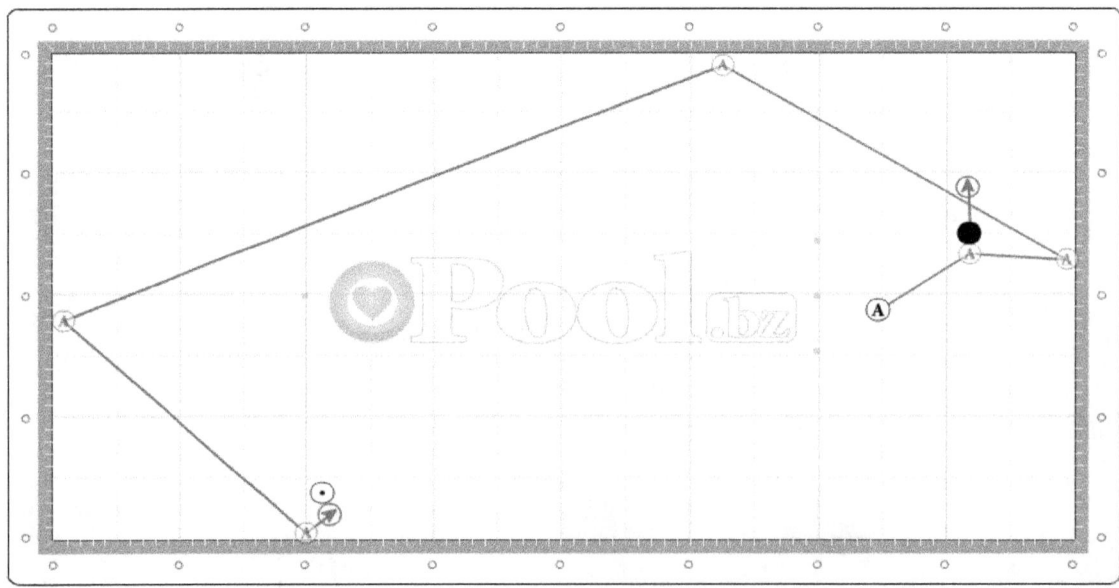

C: 4 bander (lang bande)

Den (CB) kommer ud af den første (OB) og ind i den lange bande. Det kommer ud til den korte bande. Derefter går (CB) ind i den modsatte lange bande. Først da går (CB) ind i den anden (OB).

(A) (CB) (din billardkugle) – ⊙ (OB) (modstander billardkugle) – ● (OB) (rød billardkugle)

C: Gruppe 1

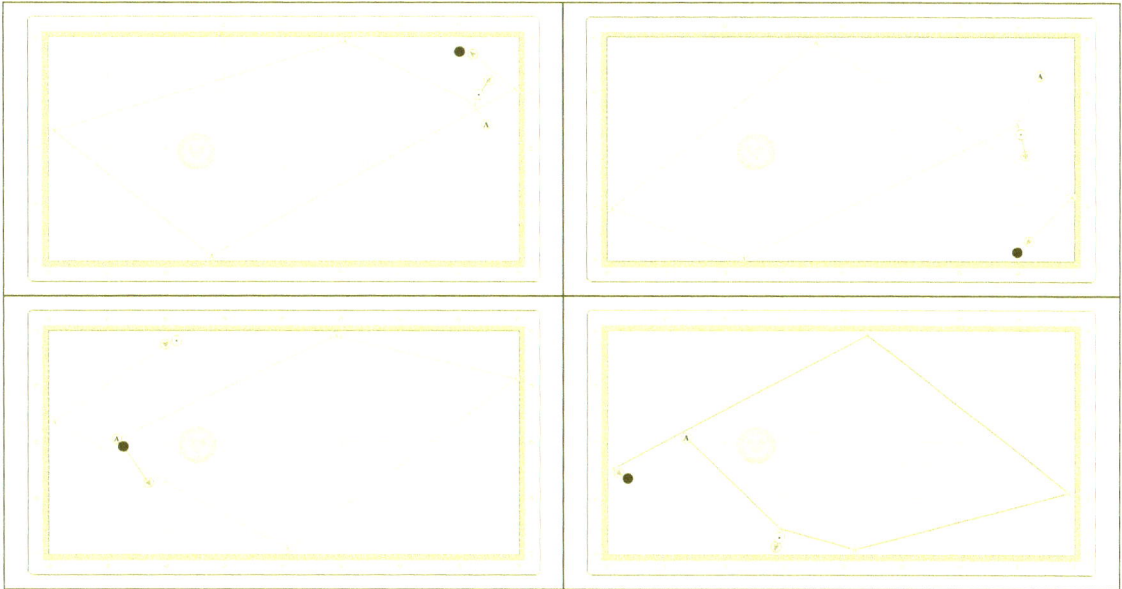

Analyse:

C:1a. _____

C:1b. _____

C:1c. _____

C:1d. _____

C:1a – Setup

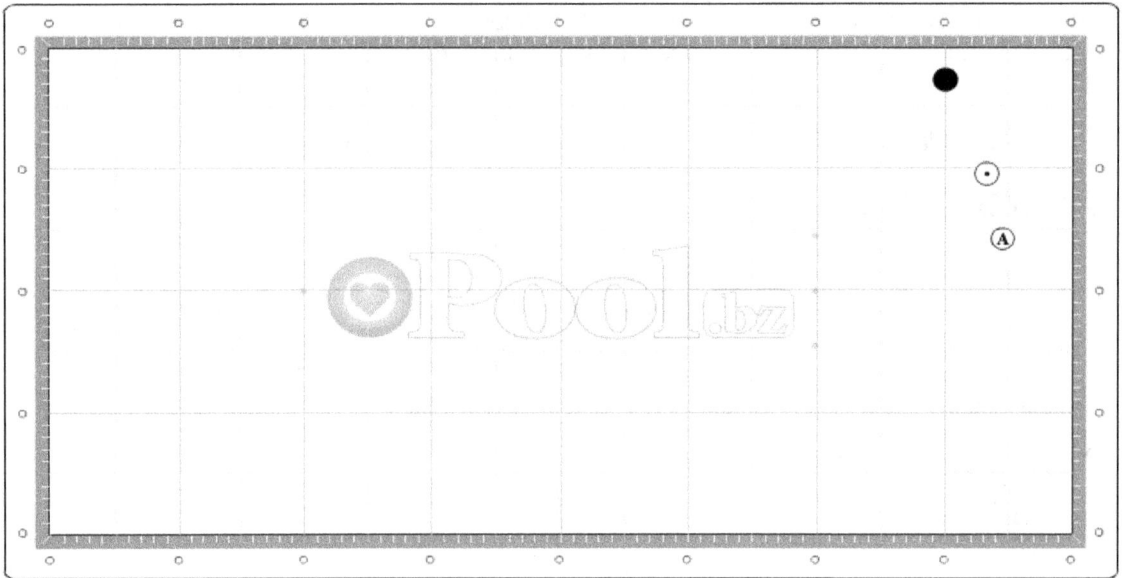

Noter og ideer:

Afspilning mønster

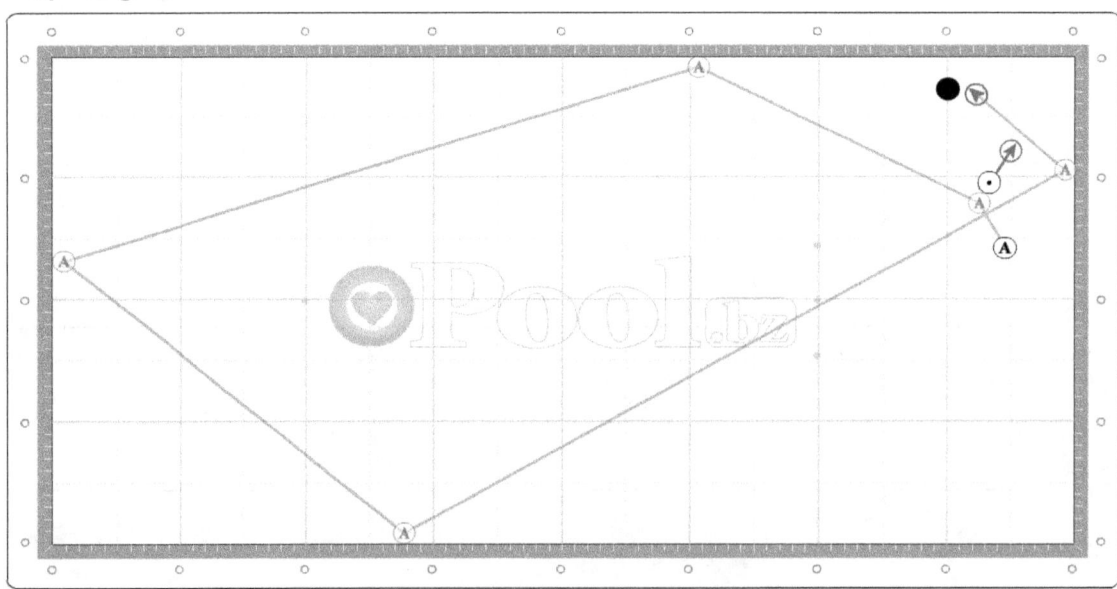

C:1b – Setup

Noter og ideer:

Afspilning mønster

C:1c – Setup

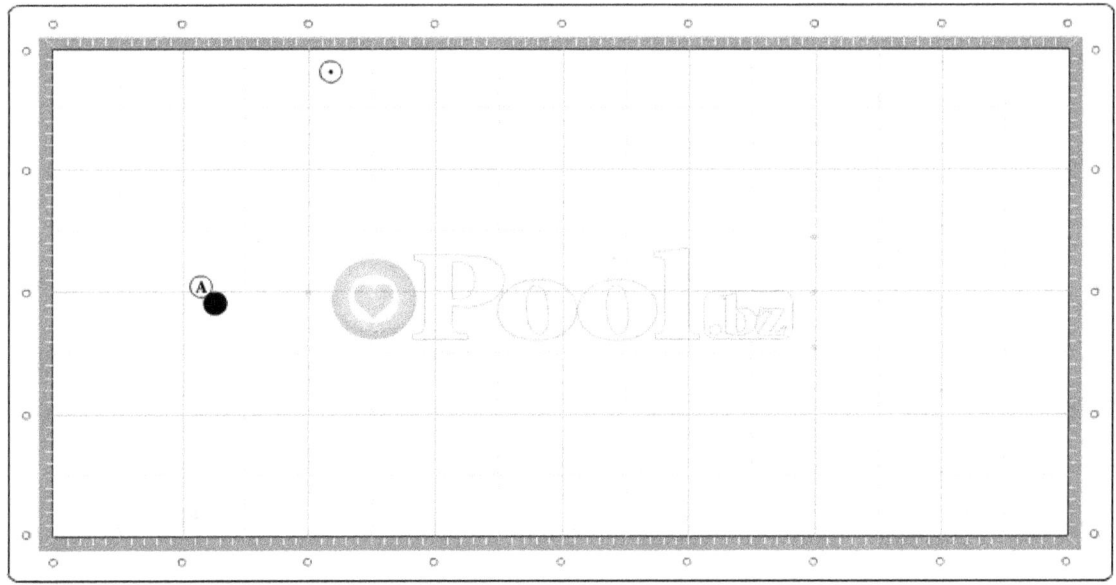

Noter og ideer:

Afspilning mønster

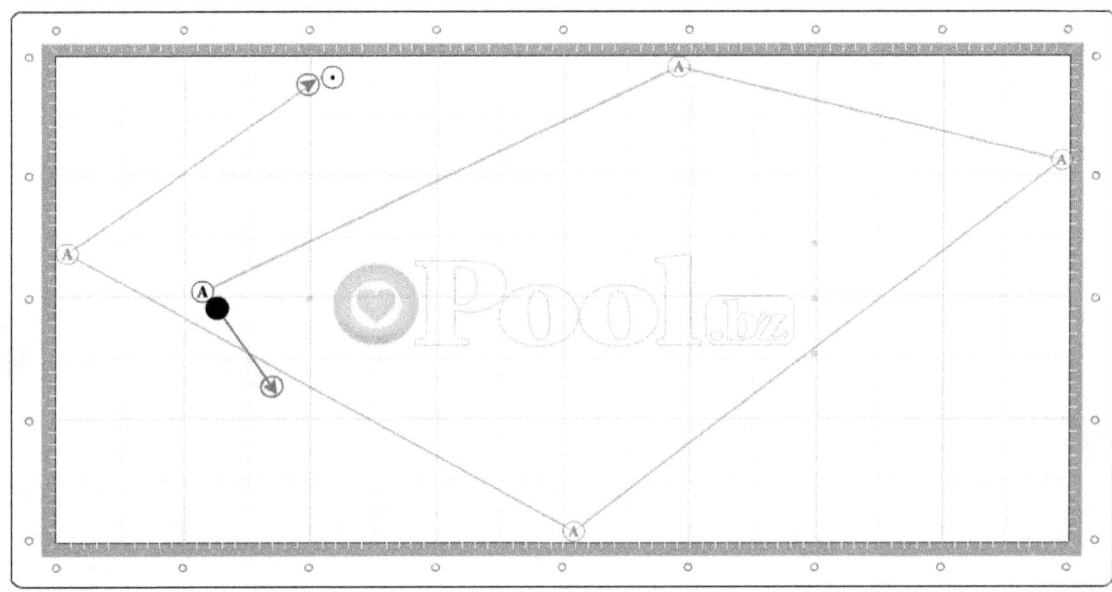

C:1d – Setup

Noter og ideer:

Afspilning mønster

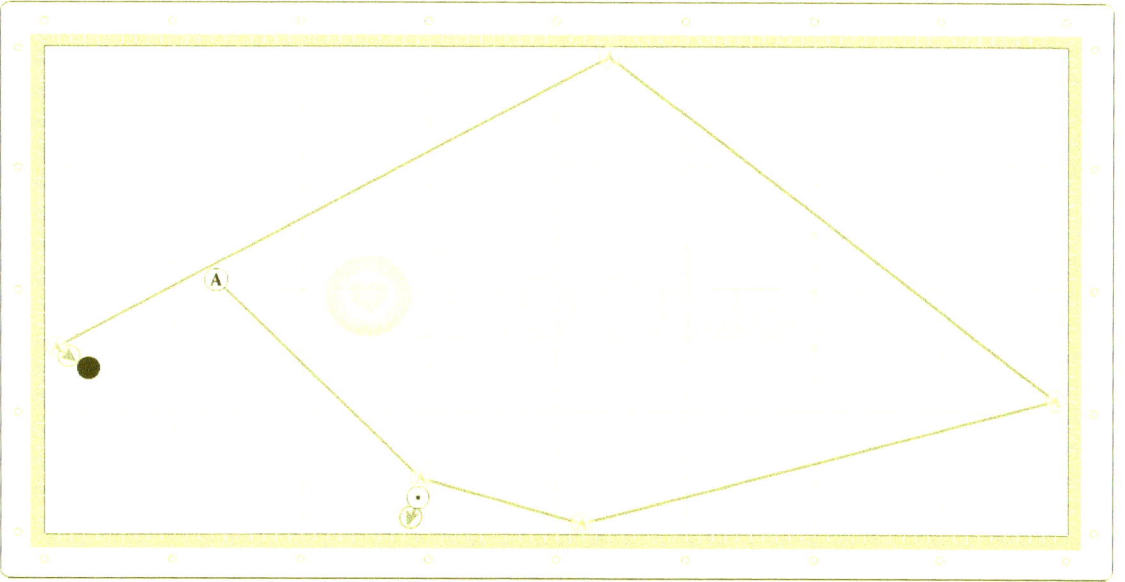

C: Gruppe 2

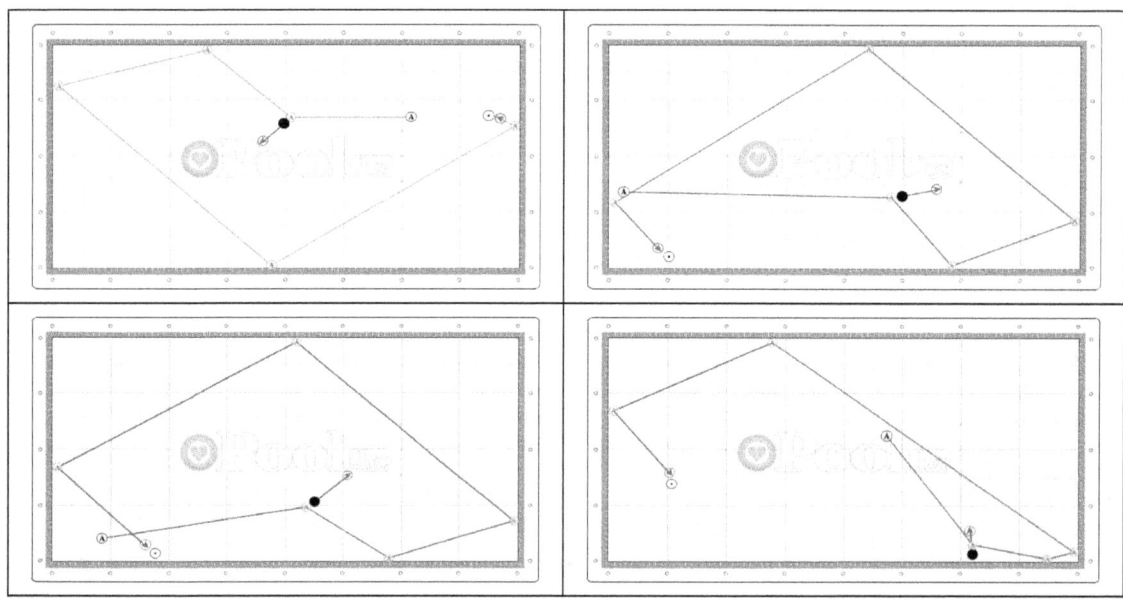

Analyse:

C:2a. _____

C:2b. _____

C:2c. _____

C:2d. _____

C:2a – Setup

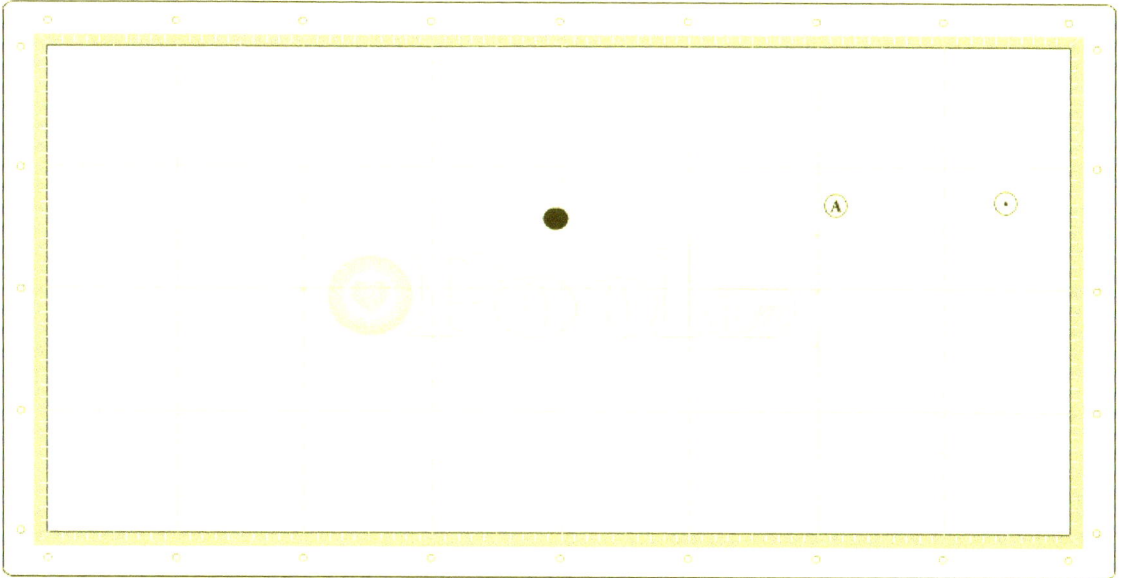

Noter og ideer:

Afspilning mønster

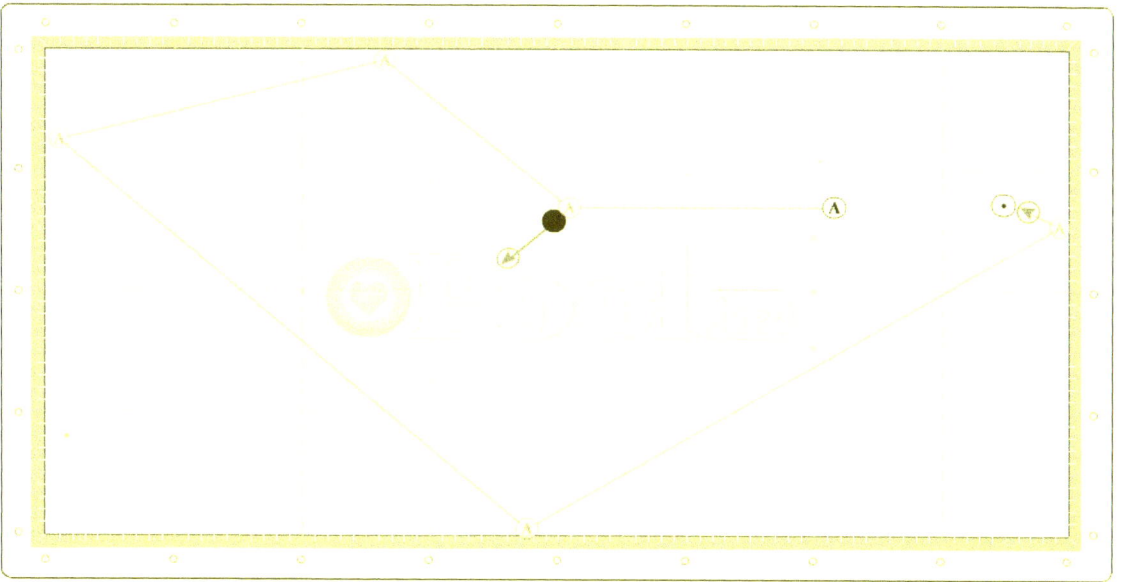

C:2b – Setup

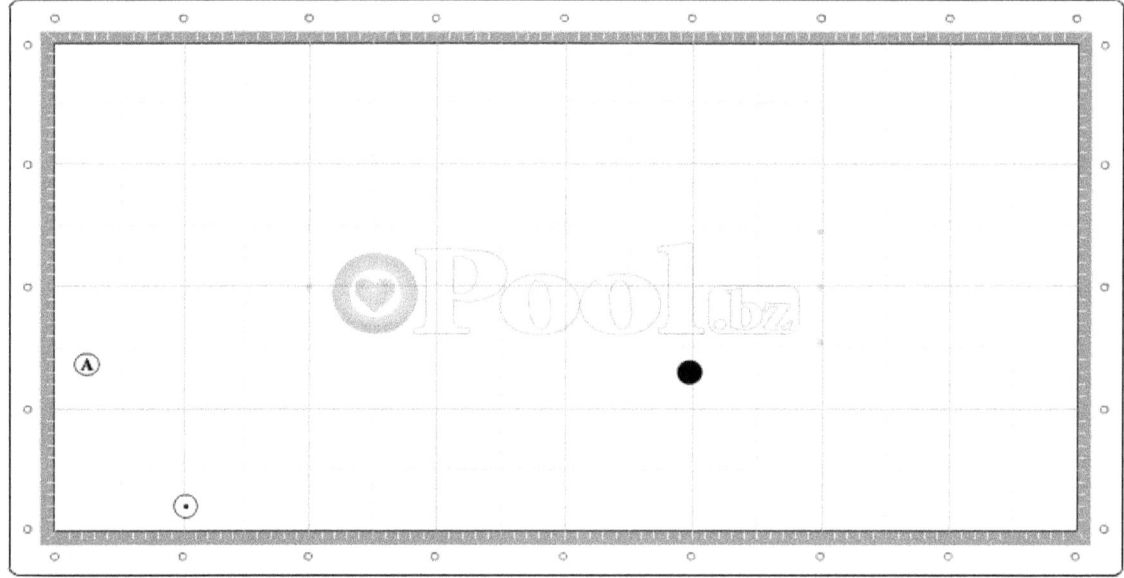

Noter og ideer:

Afspilning mønster

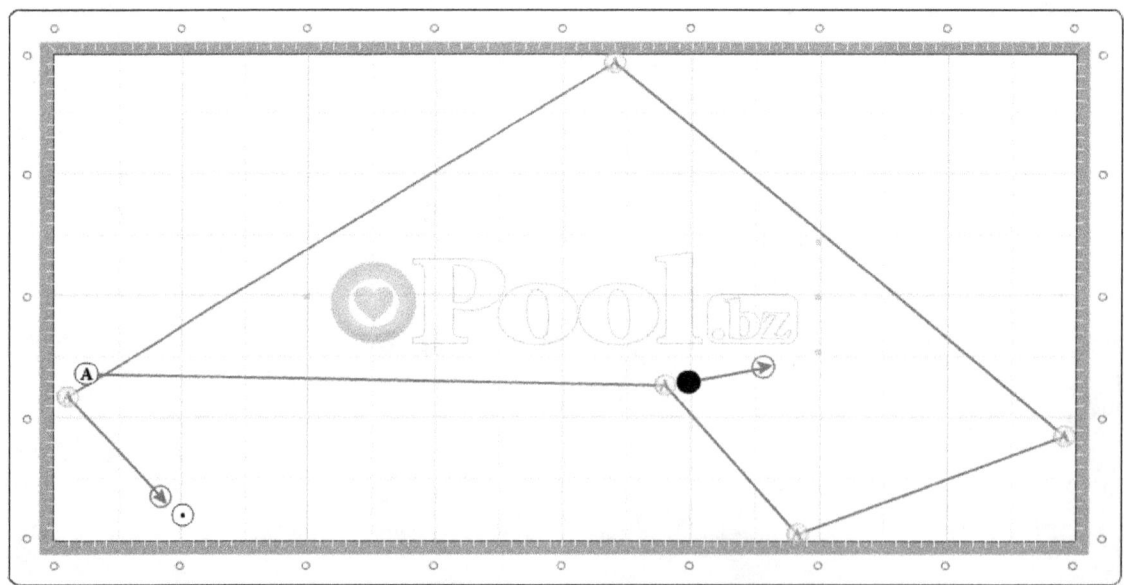

C:2c – Setup

Noter og ideer:

Afspilning mønster

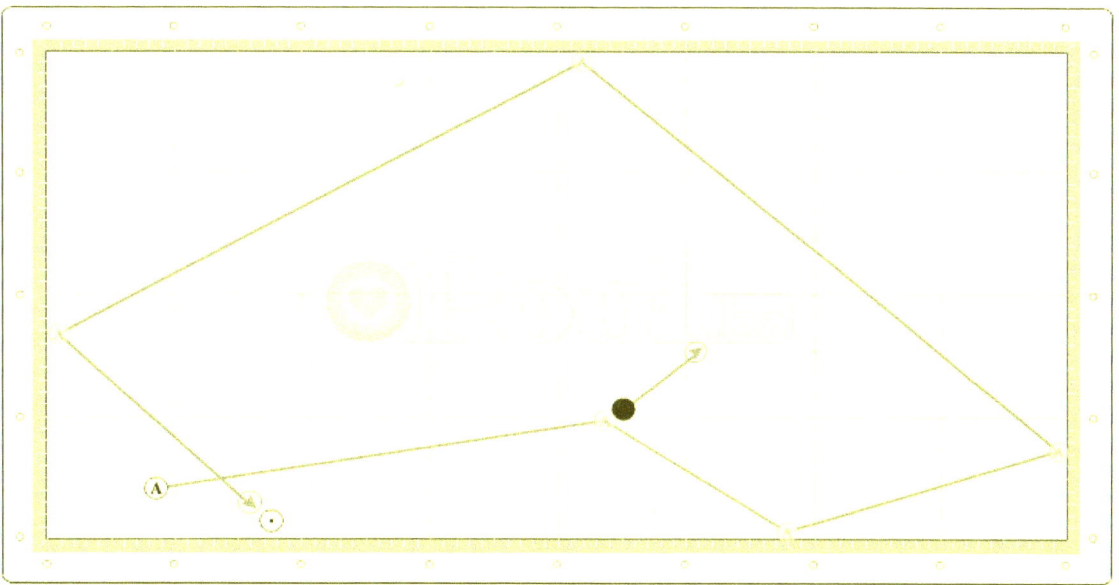

C:2d – Setup

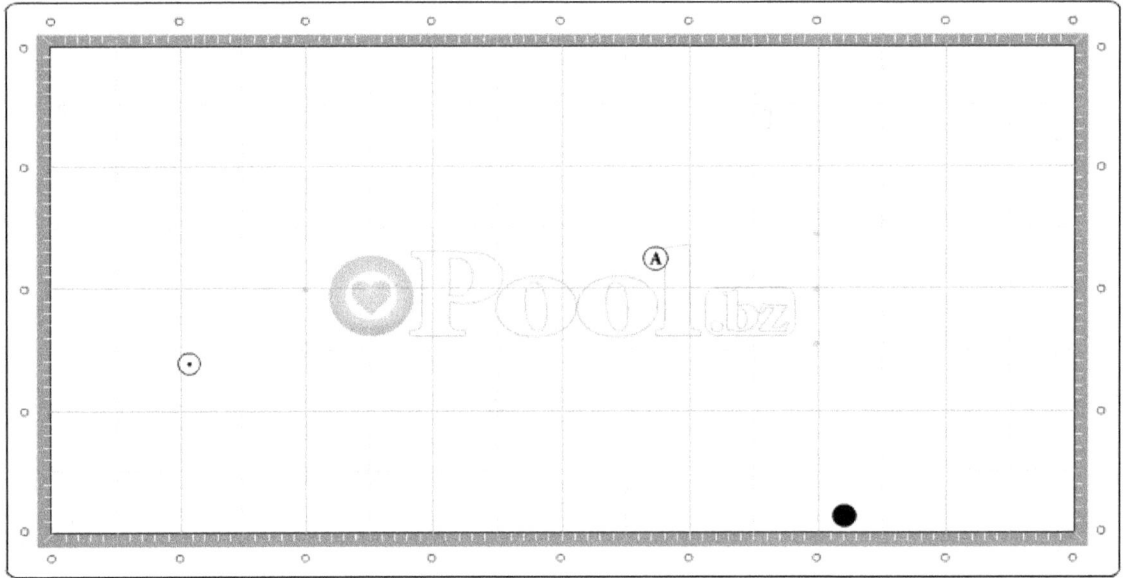

Noter og ideer:

Afspilning mønster

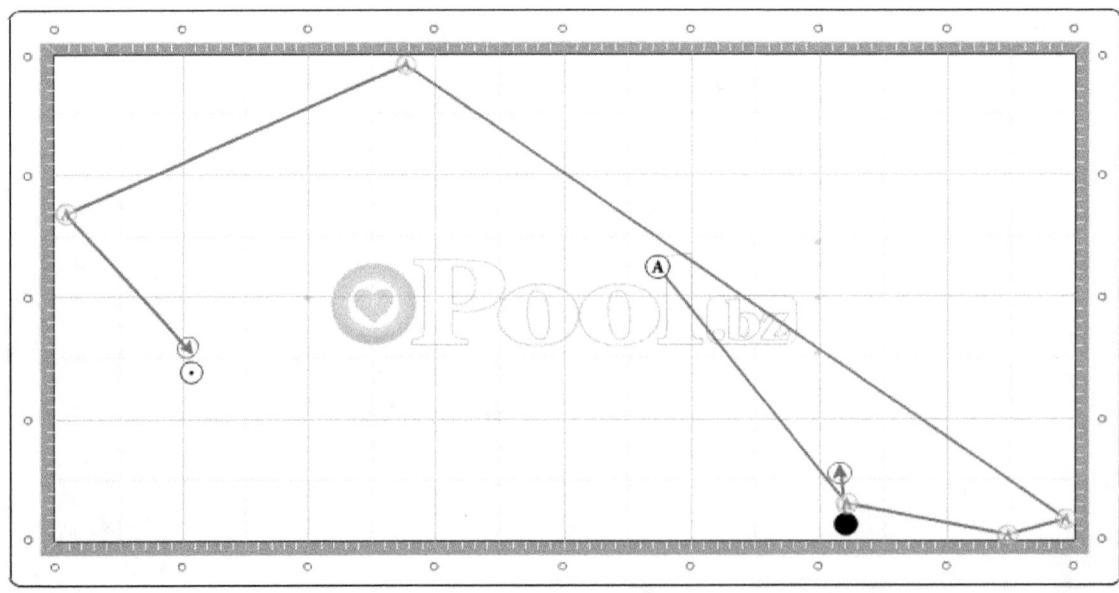

C: Gruppe 3

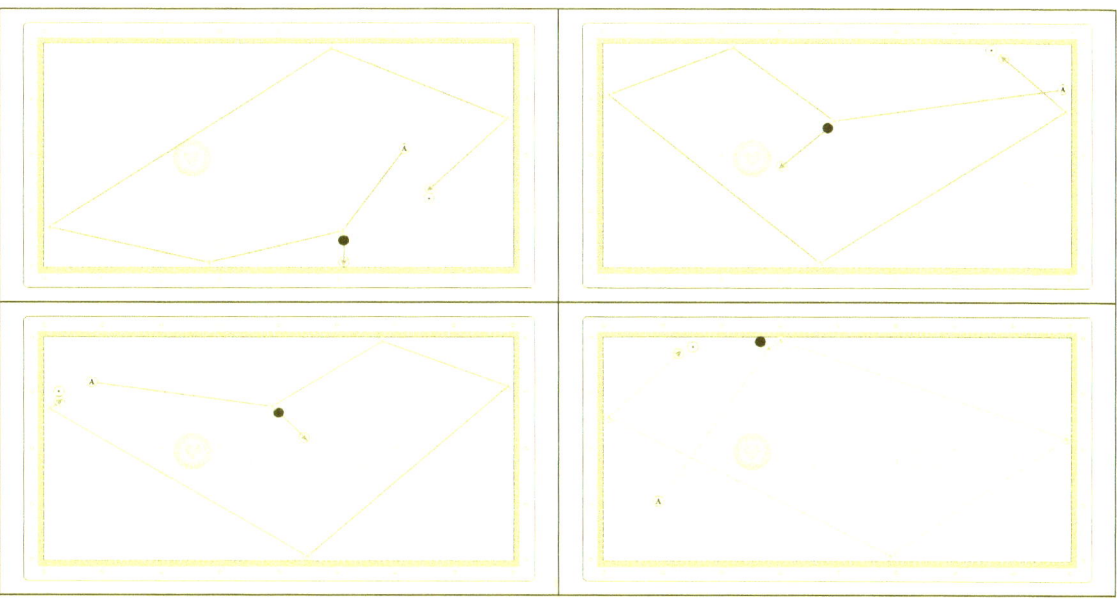

Analyse:

C:3a. _____

C:3b. _____

C:3c. _____

C:3d. _____

C:3a – Setup

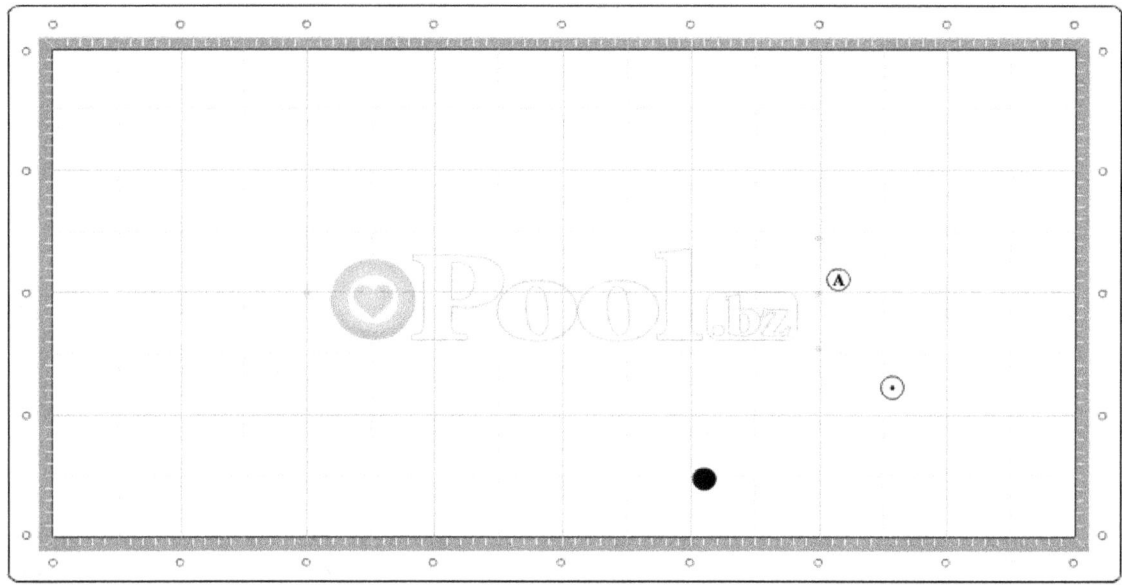

Noter og ideer:

Afspilning mønster

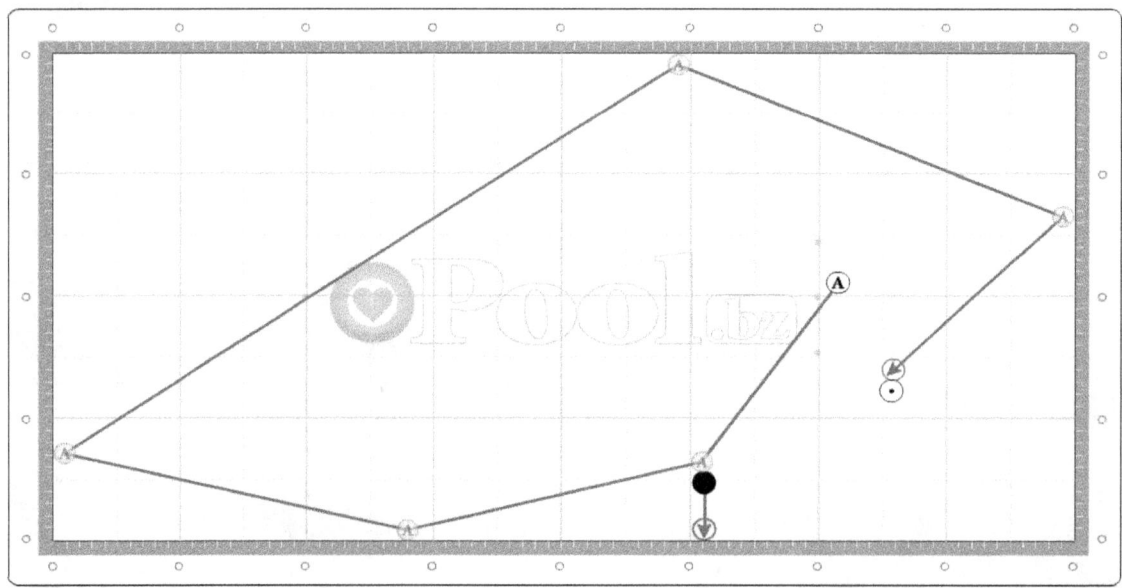

3-bande carambole: Fuld bord cirkel mønstre

C:3b – Setup

Noter og ideer:

Afspilning mønster

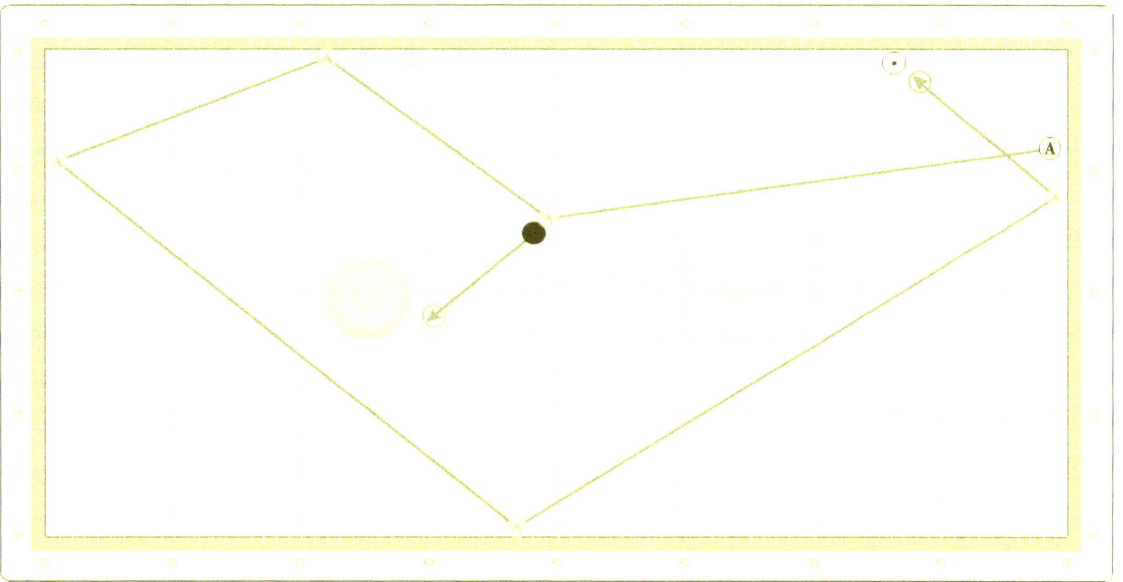

C:3c – Setup

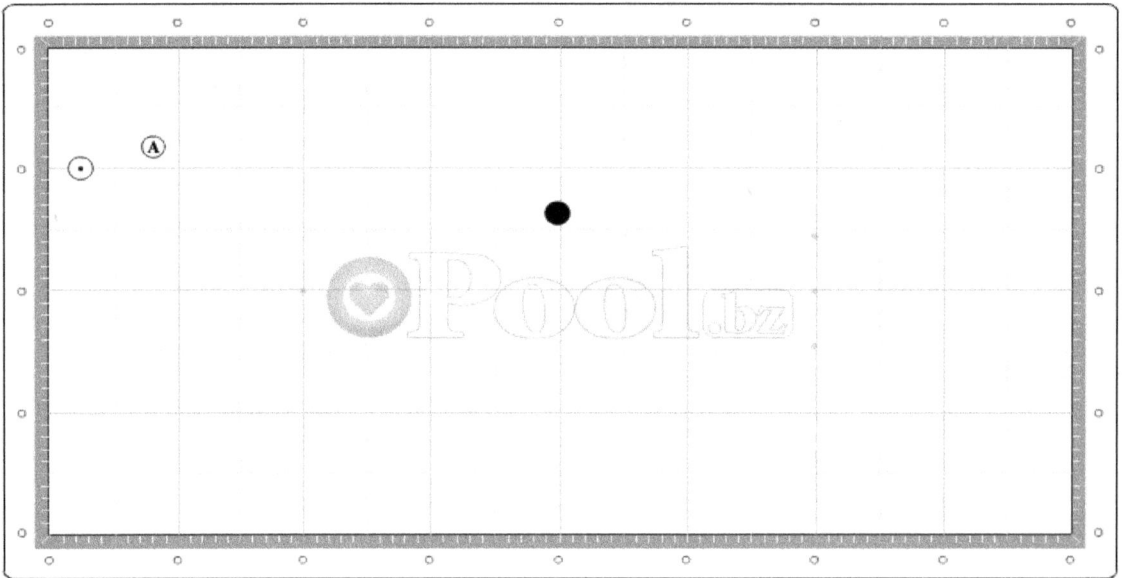

Noter og ideer:

Afspilning mønster

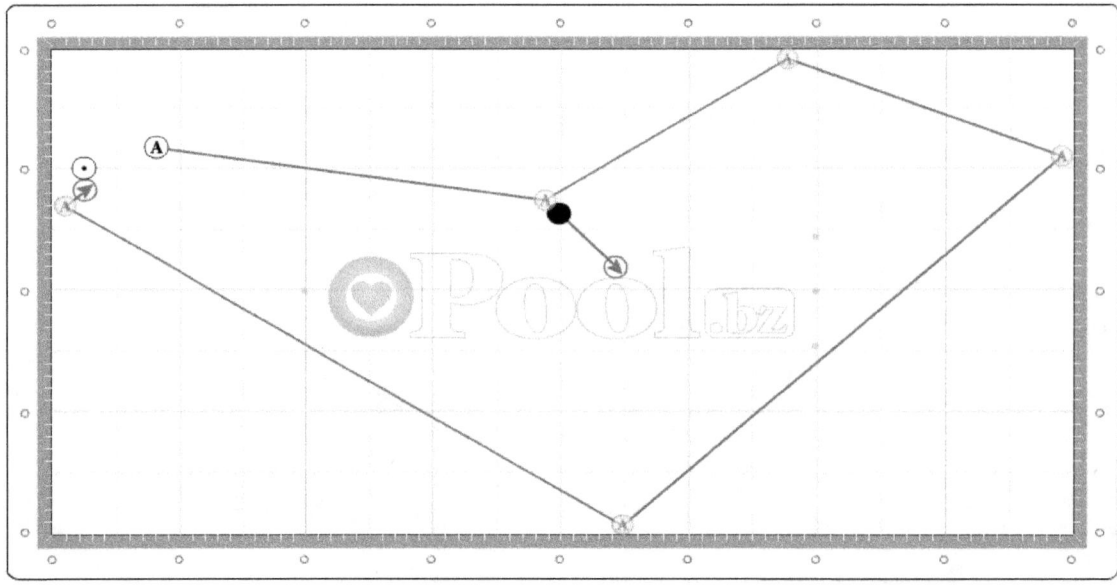

3-bande carambole: Fuld bord cirkel mønstre

C:3d – Setup

Noter og ideer:

Afspilning mønster

C: Gruppe 4

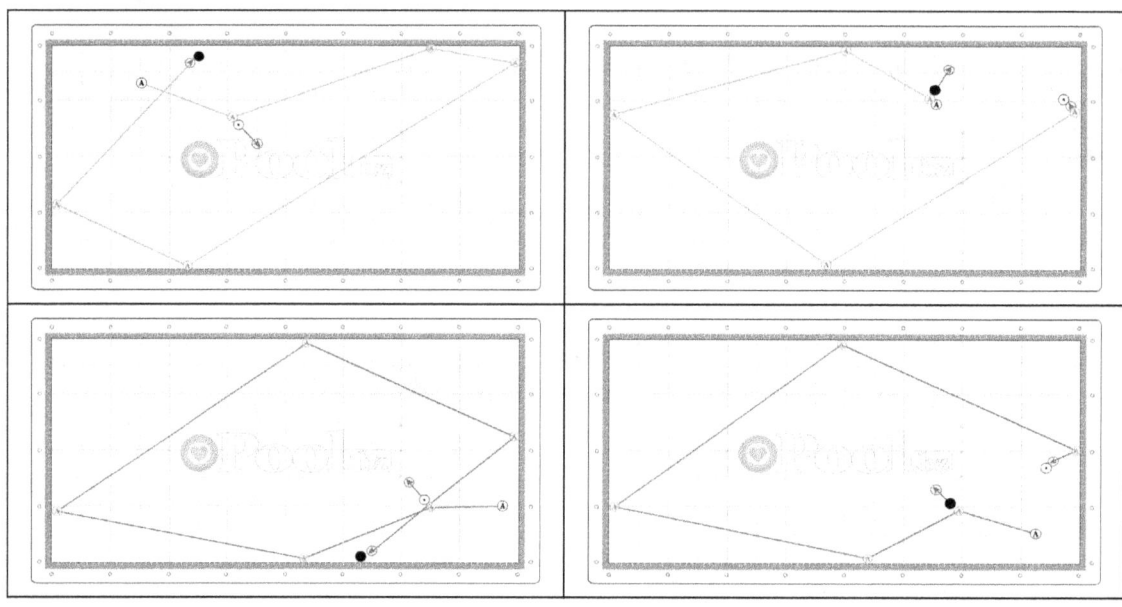

Analyse:

C:4a. _____

C:4b. _____

C:4c. _____

C:4d. _____

C:4a – Setup

Noter og ideer:

Afspilning mønster

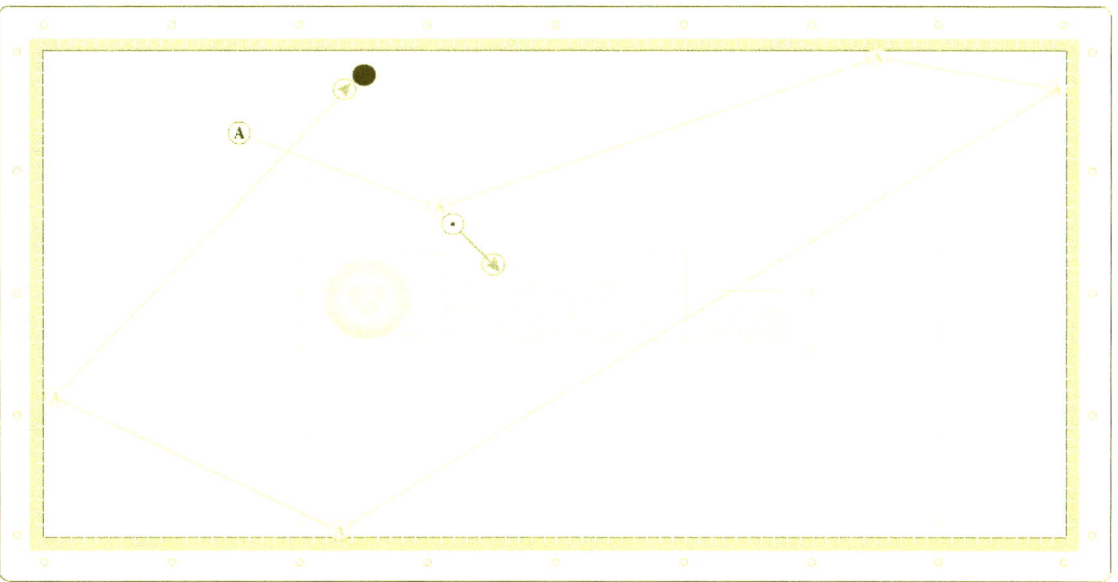

C:4b – Setup

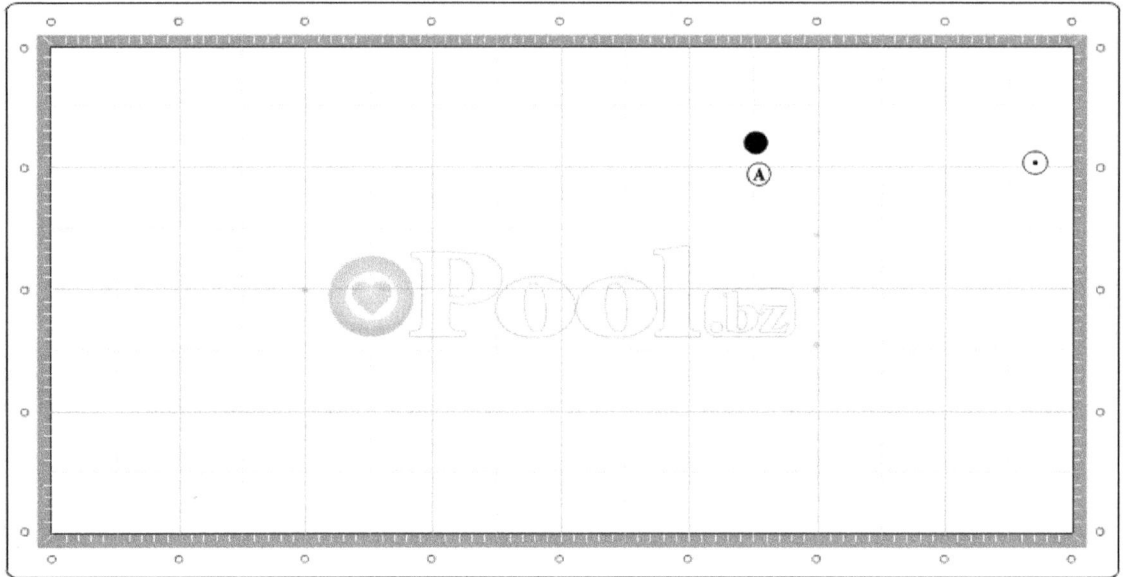

Noter og ideer:

Afspilning mønster

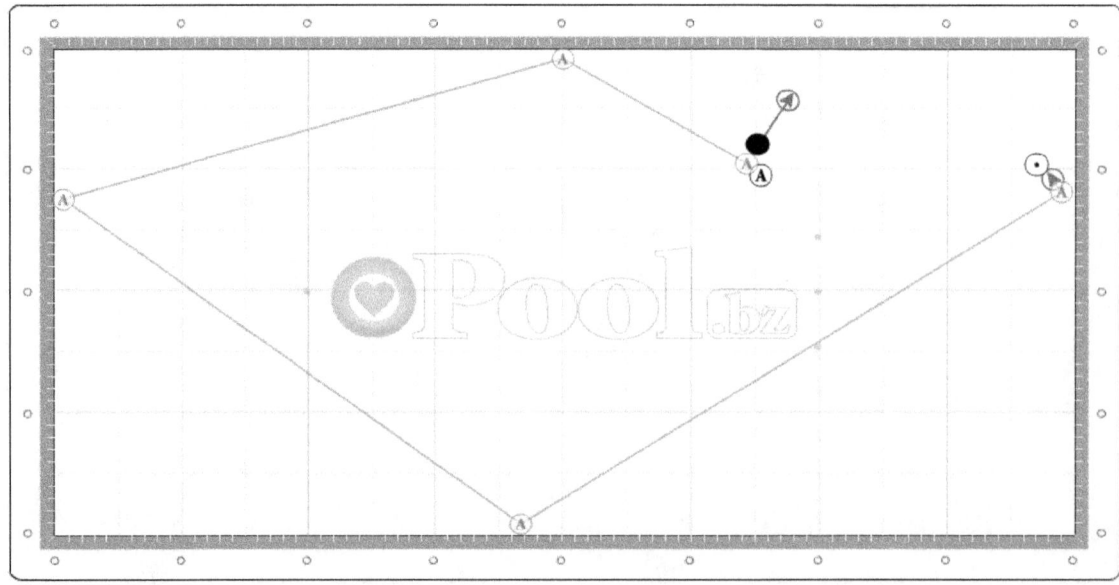

C:4c – Setup

Noter og ideer:

Afspilning mønster

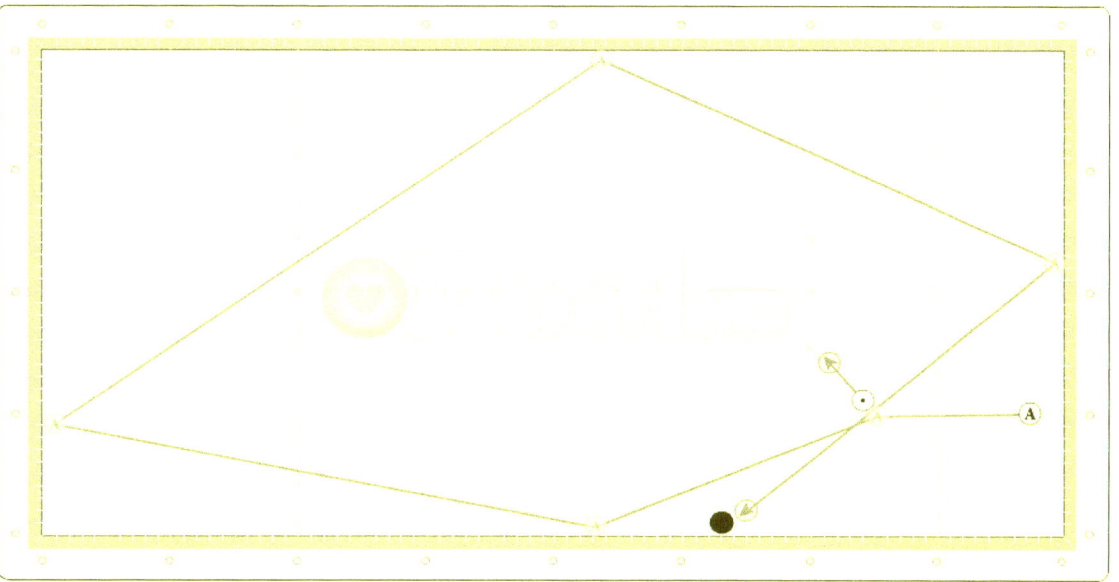

C:4d – Setup

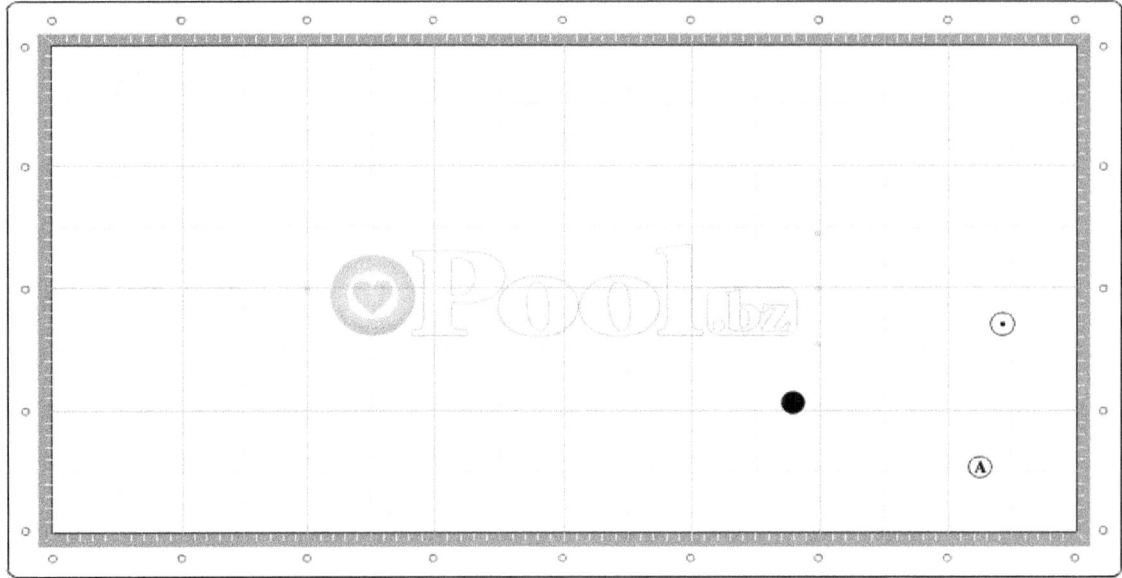

Noter og ideer:

Afspilning mønster

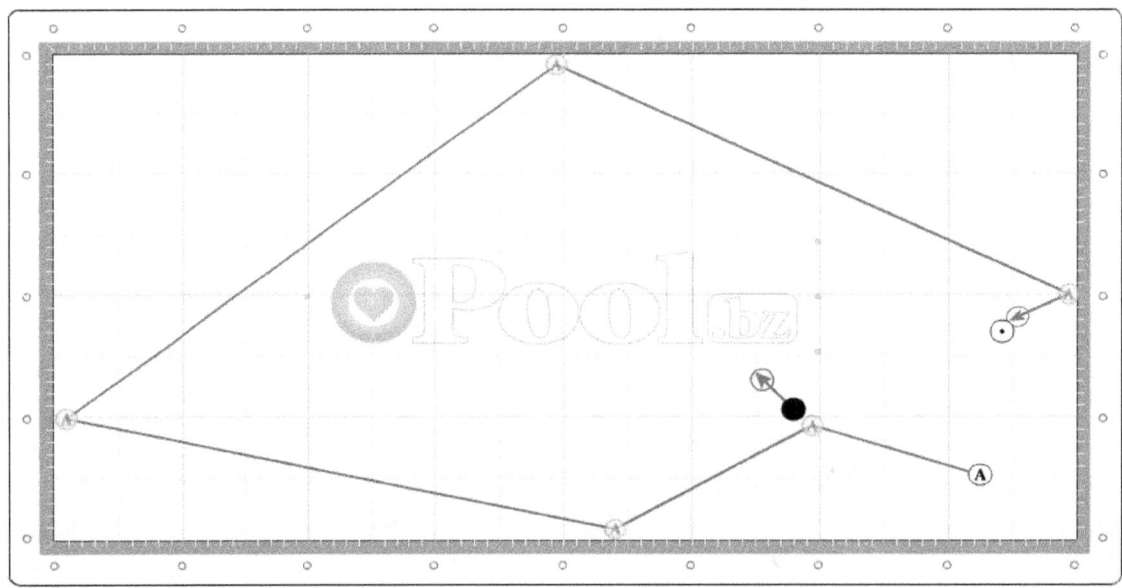

C: Gruppe 5

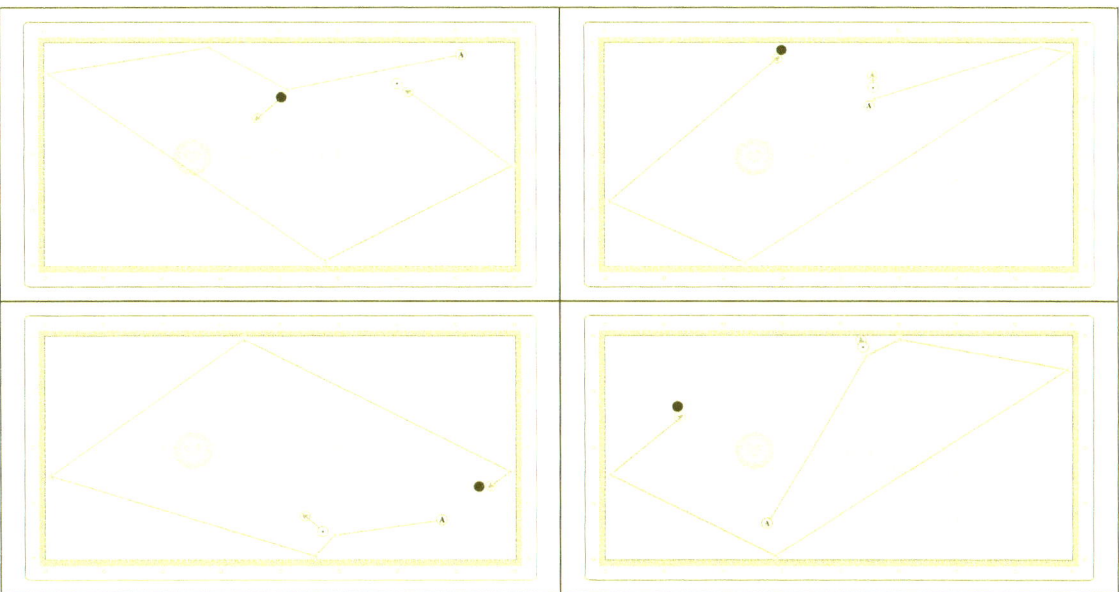

Analyse:

C:5a. _____

C:5b. _____

C:5c. _____

C:5d. _____

C:5a – Setup

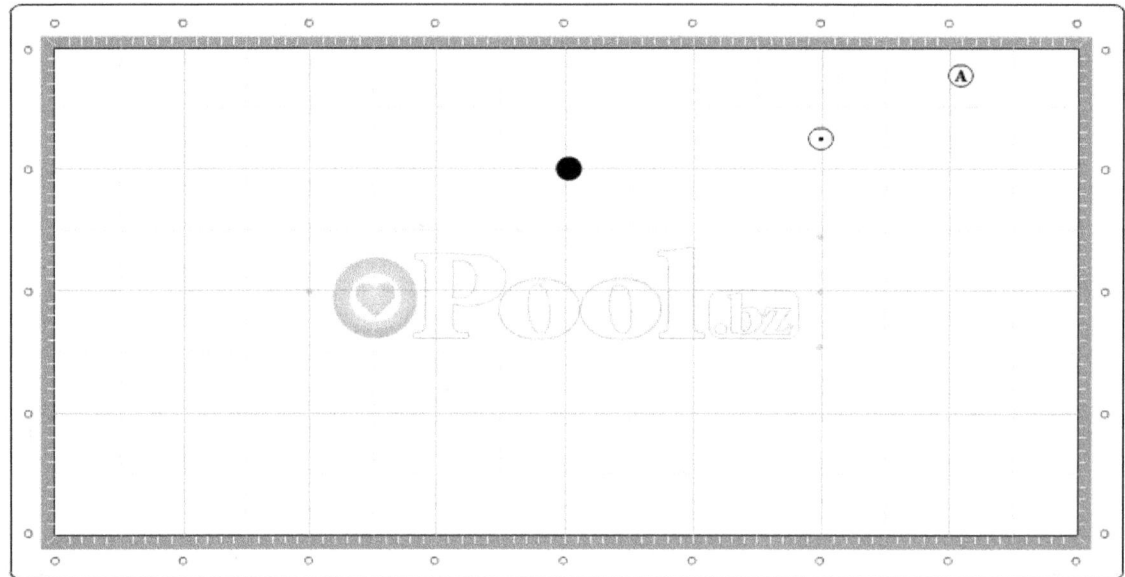

Noter og ideer:

Afspilning mønster

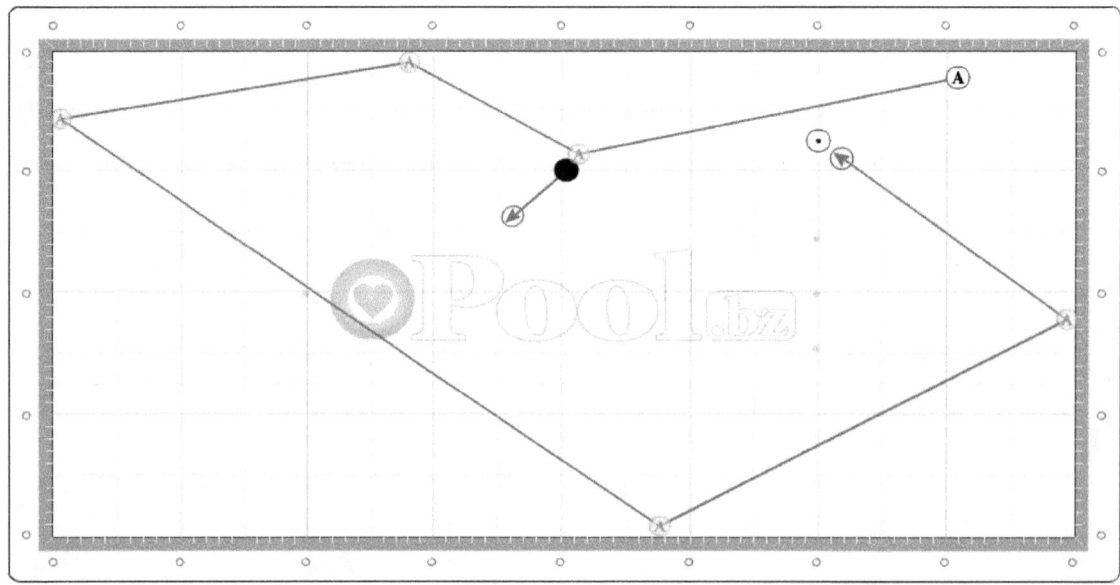

C:5b – Setup

Noter og ideer:

Afspilning mønster

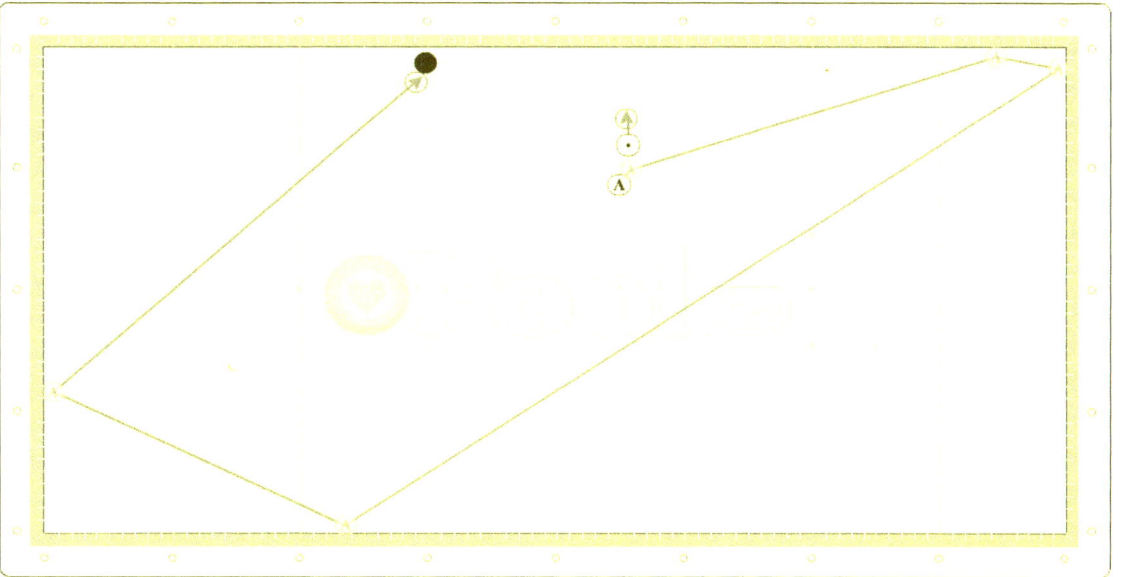

C:5c – Setup

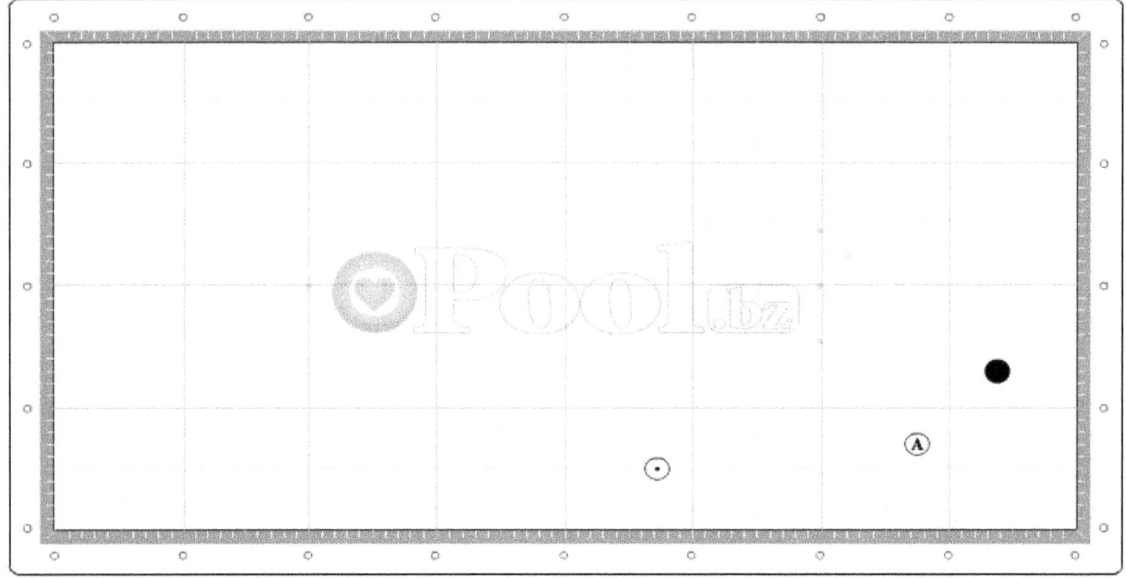

Noter og ideer:

Afspilning mønster

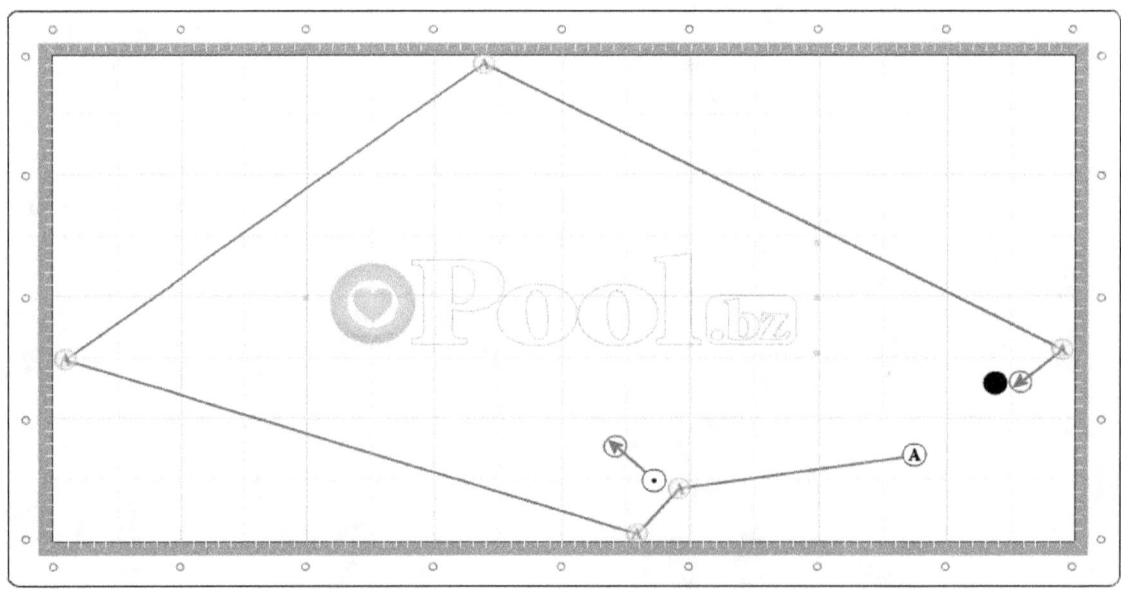

C:5d – Setup

Noter og ideer:

Afspilning mønster

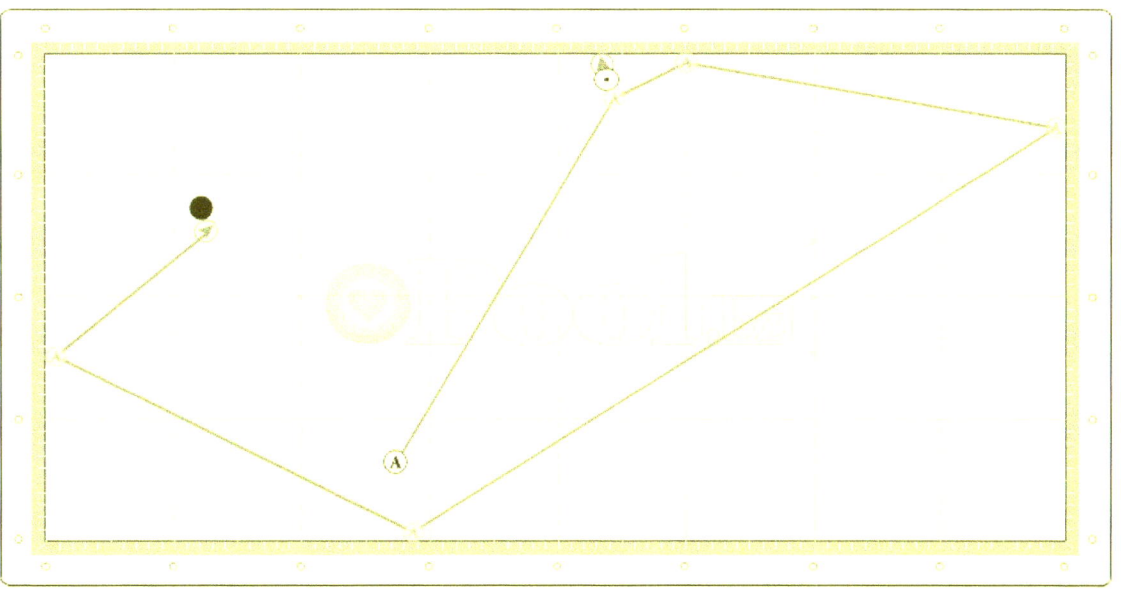

D: 4 bander (kort bande)

Den (CB) kommer ud af den første (OB) og går ind i den korte bande. Den (CB) bevæger sig til den modsatte lange bande. Cirklen fortsætter ind i den modsatte korte bande. Først da forbinder (CB) sig med den anden (OB).

Ⓐ (CB) (din billardkugle) – ⊙ (OB) (modstander billardkugle) – ● (OB) (rød billardkugle)

D: Gruppe 1

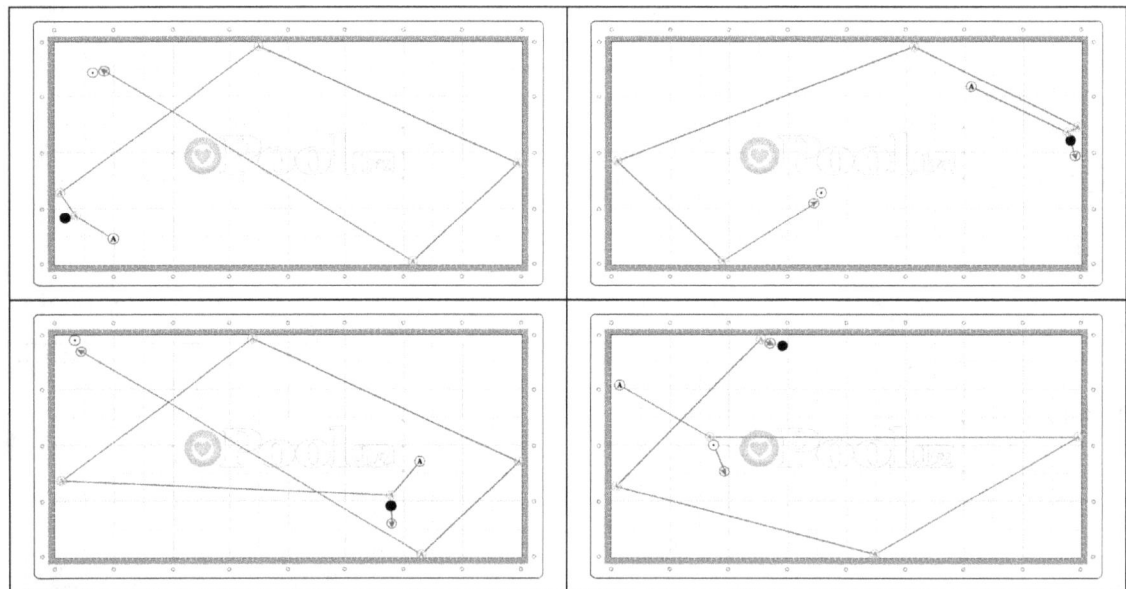

Analyse:

D:1a. _____

D:1b. _____

D:1c. _____

D:1d. _____

D:1a – Setup

Noter og ideer:

Afspilning mønster

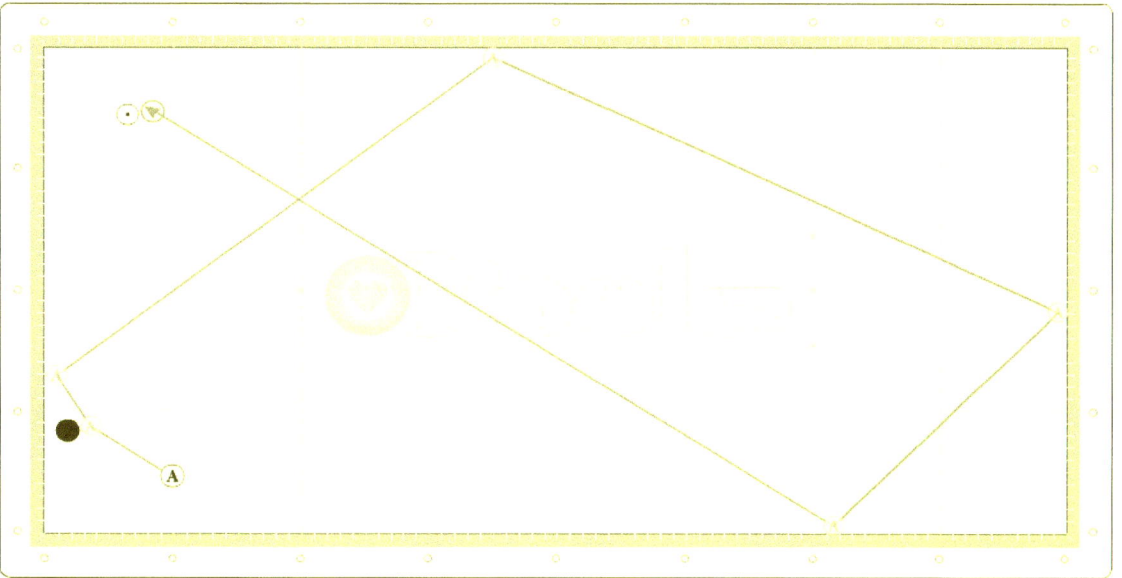

D:1b – Setup

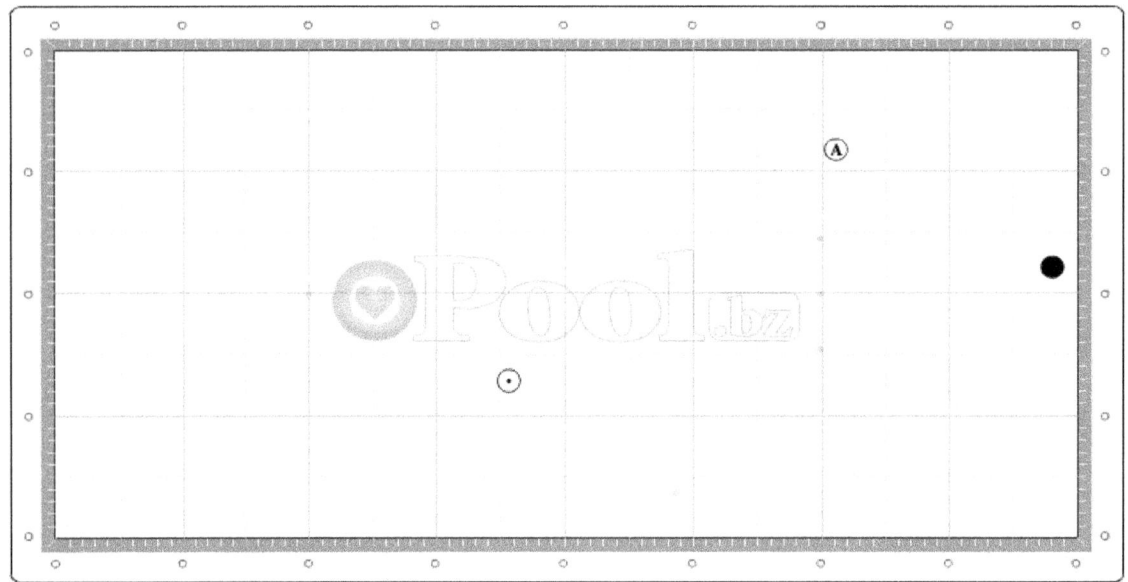

Noter og ideer:

Afspilning mønster

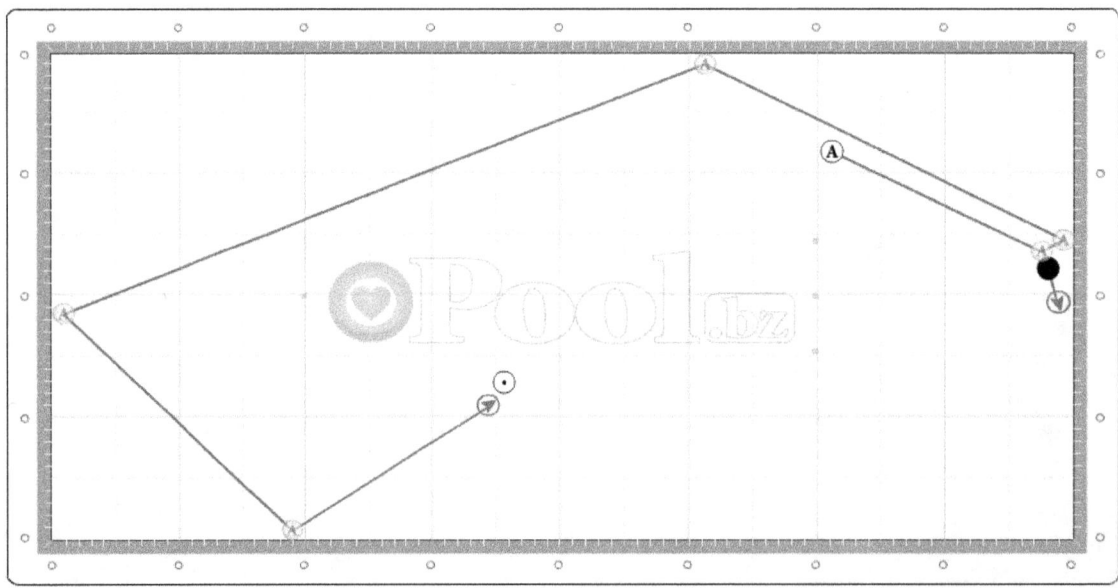

D:1c – Setup

Noter og ideer:

Afspilning mønster

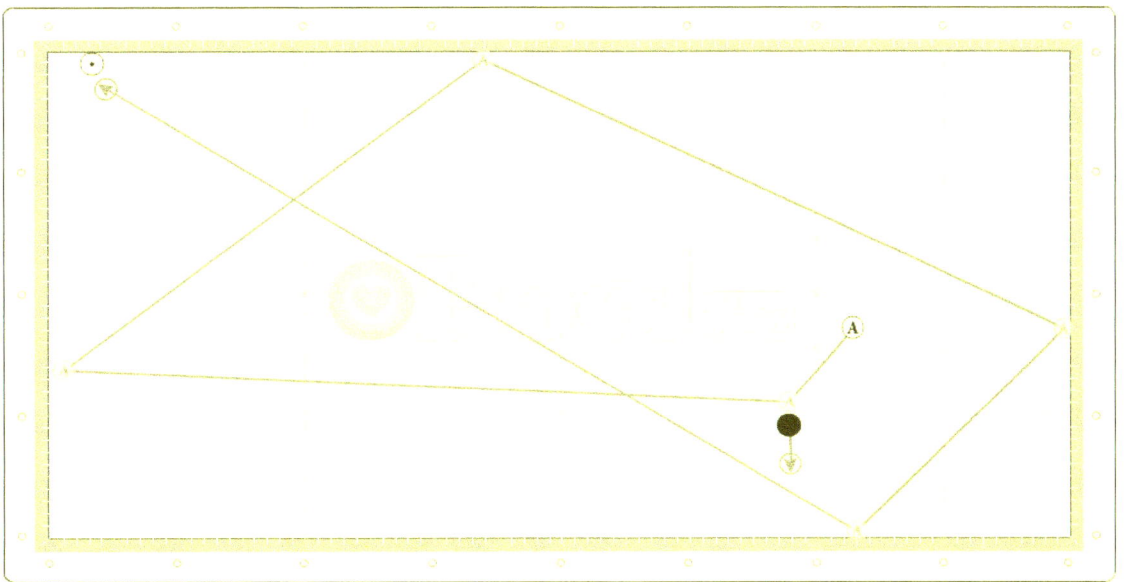

D:1d – Setup

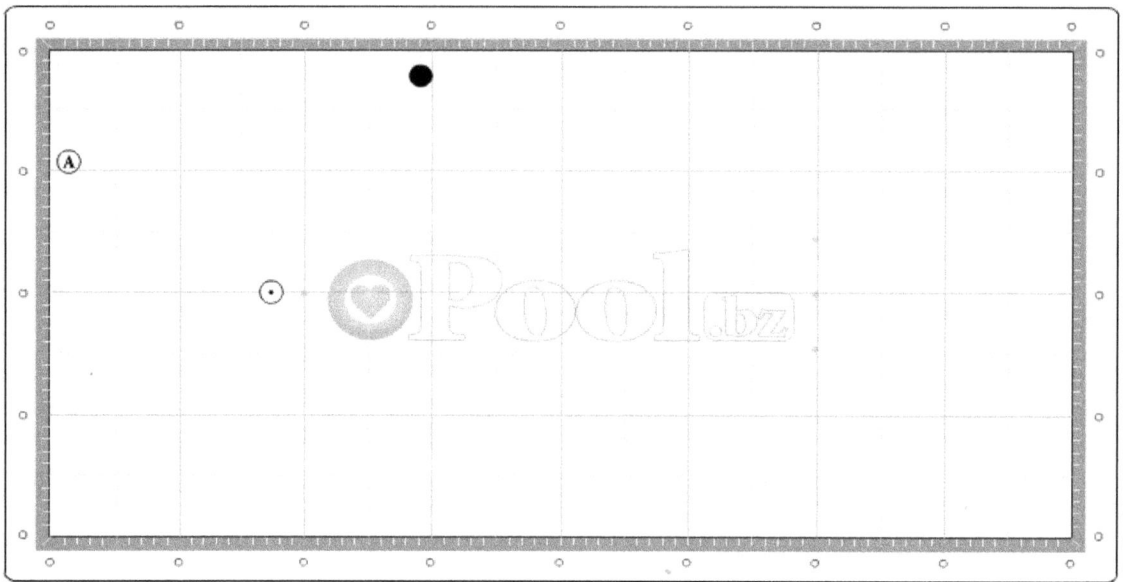

Noter og ideer:

Afspilning mønster

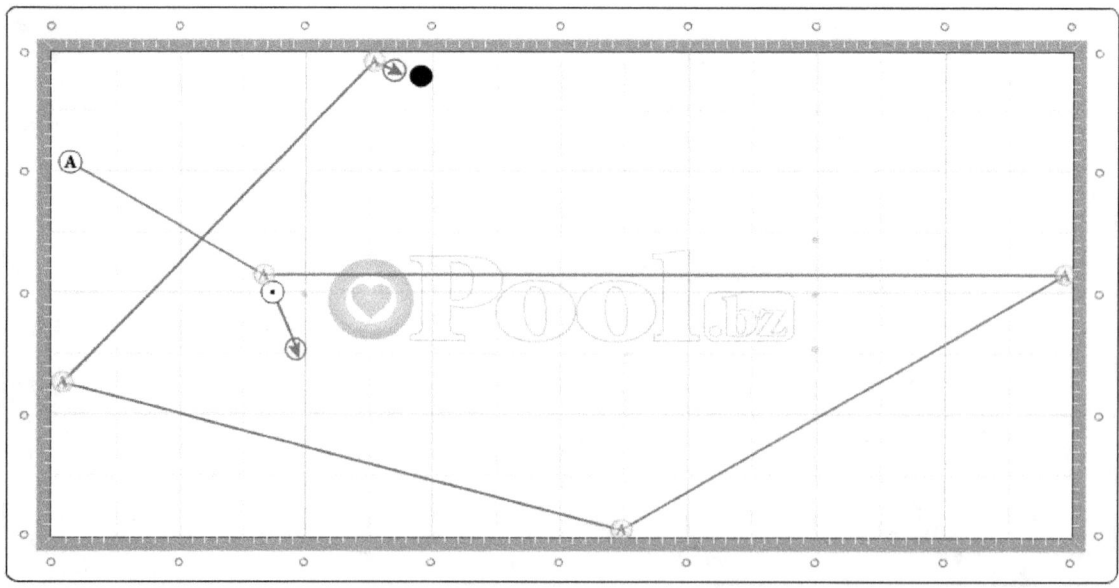

D: Gruppe 2

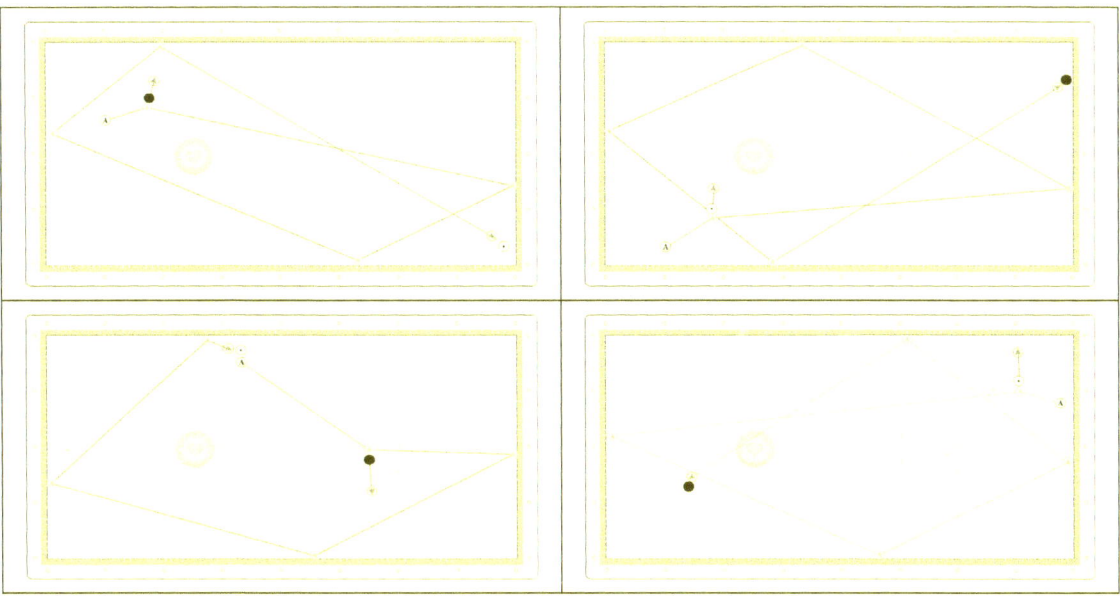

Analyse:

D:2a. _____

D:2b. _____

D:2c. _____

D:2d. _____

D:2a – Setup

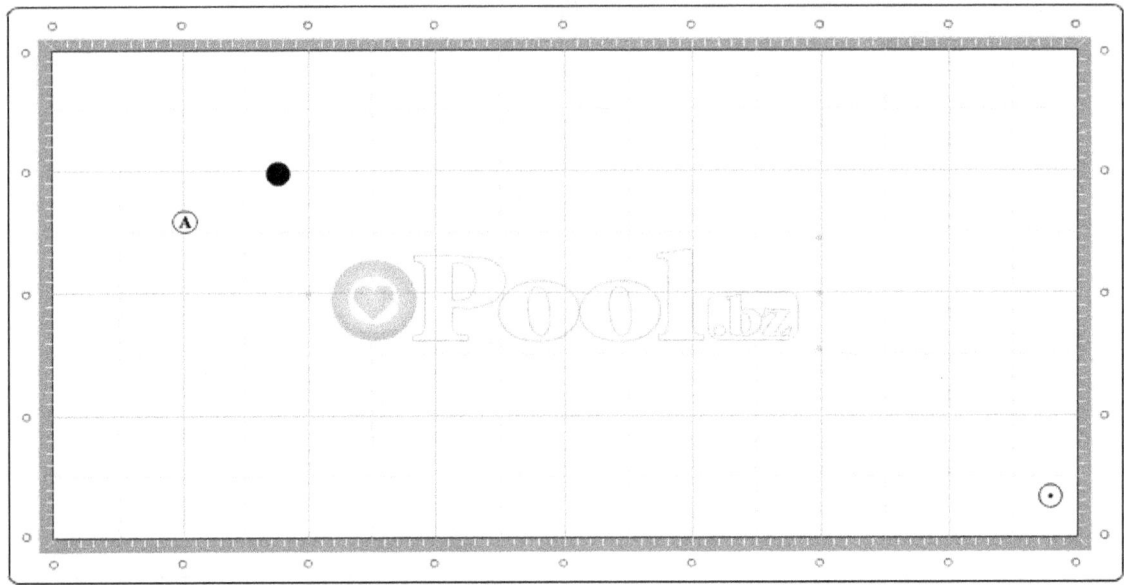

Noter og ideer:

Afspilning mønster

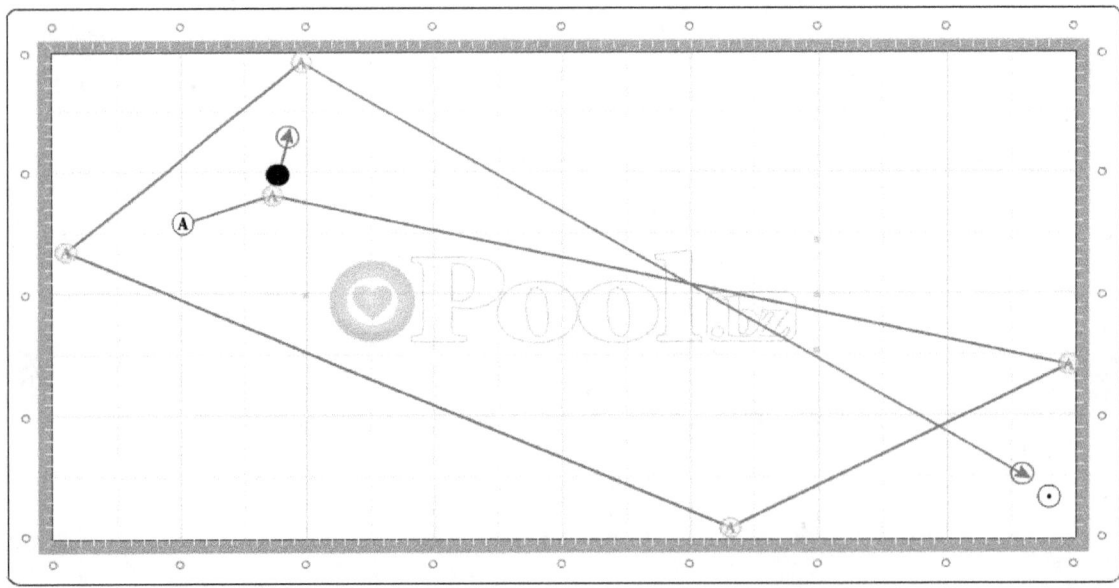

D:2b – Setup

Noter og ideer:

Afspilning mønster

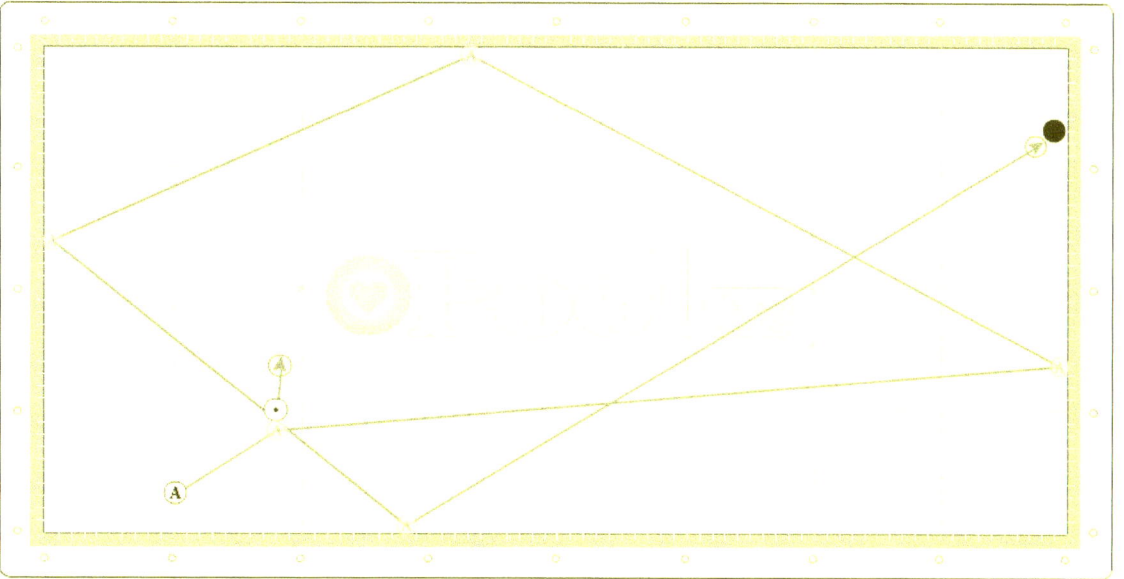

D:2c – Setup

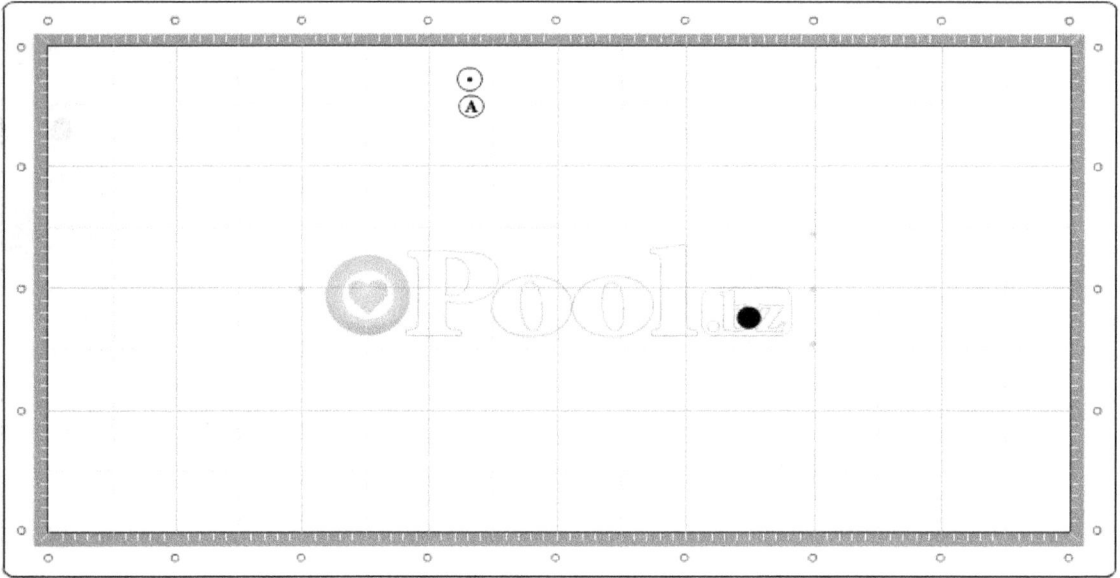

Noter og ideer:

Afspilning mønster

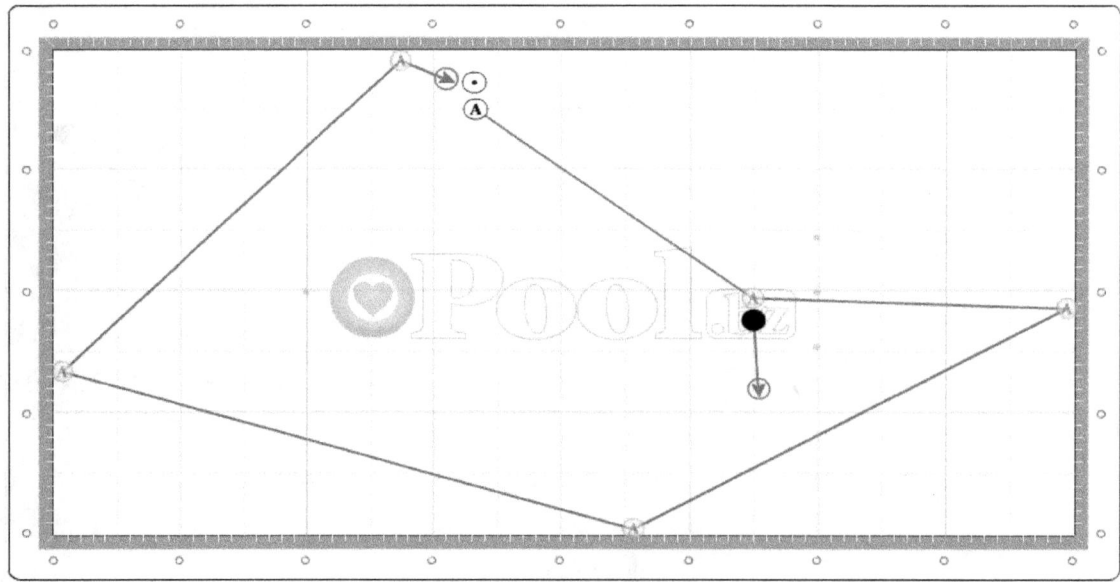

D:2d – Setup

Noter og ideer:

Afspilning mønster

D: Gruppe 3

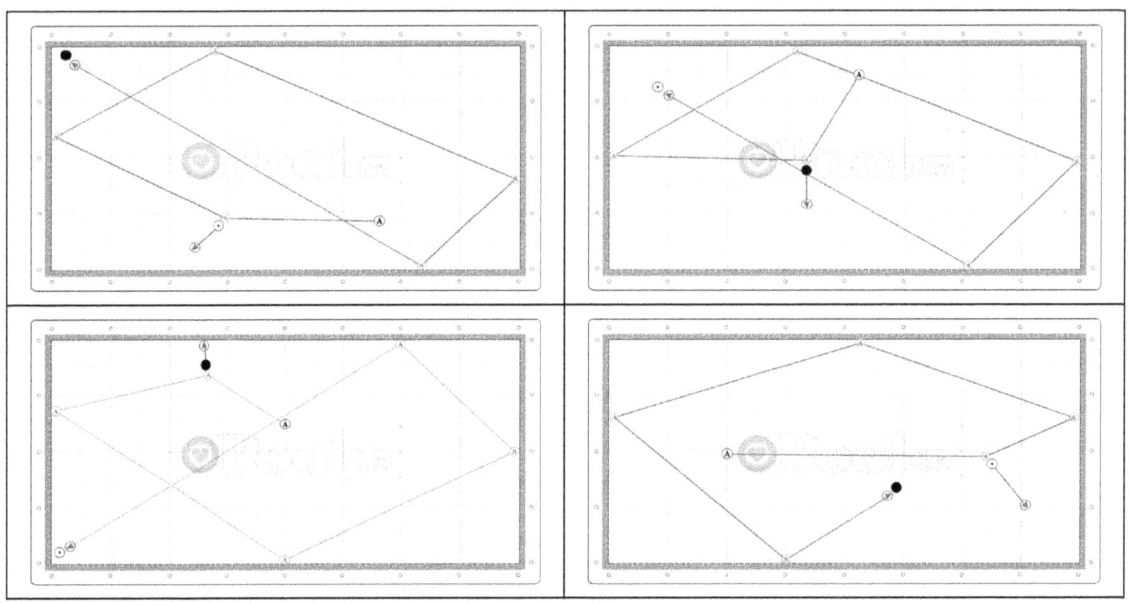

Analyse:

D:3a. _____

D:3b. _____

D:3c. _____

D:3d. _____

D:3a – Setup

Noter og ideer:

Afspilning mønster

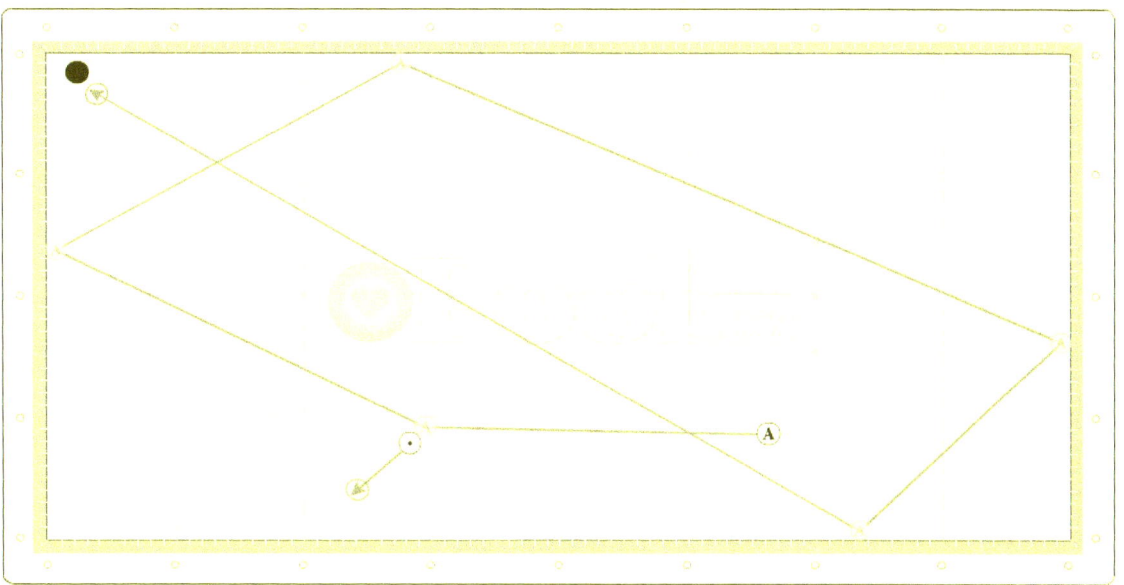

D:3b – Setup

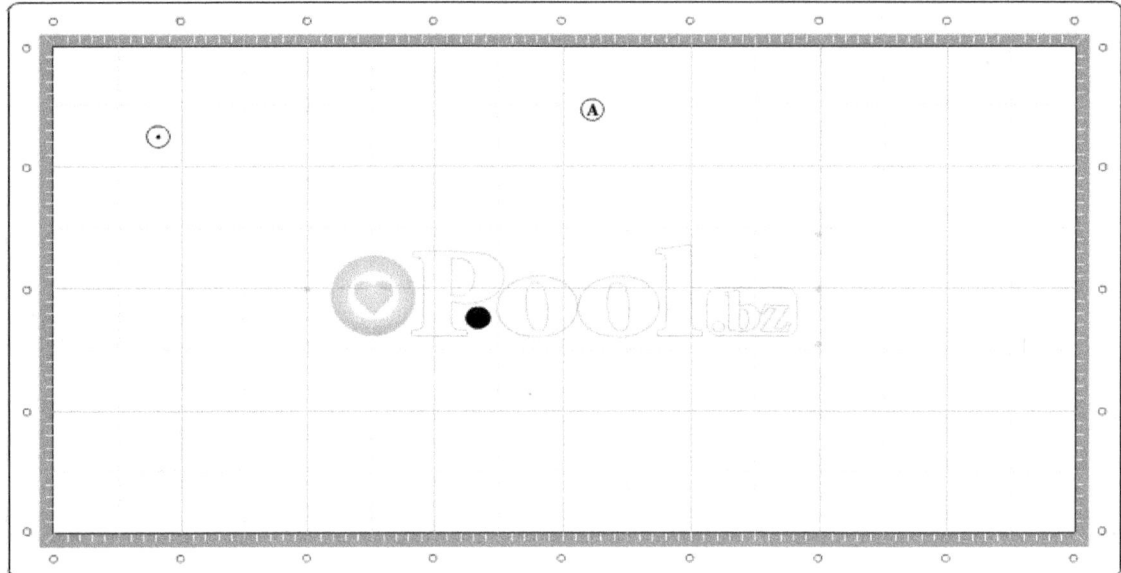

Noter og ideer:

Afspilning mønster

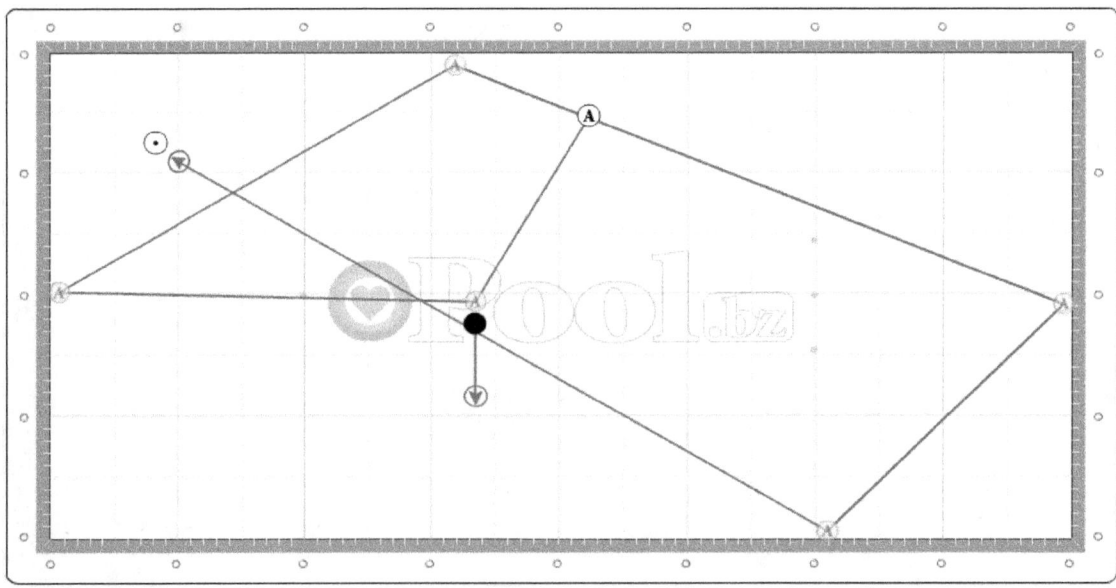

D:3c – Setup

Noter og ideer:

Afspilning mønster

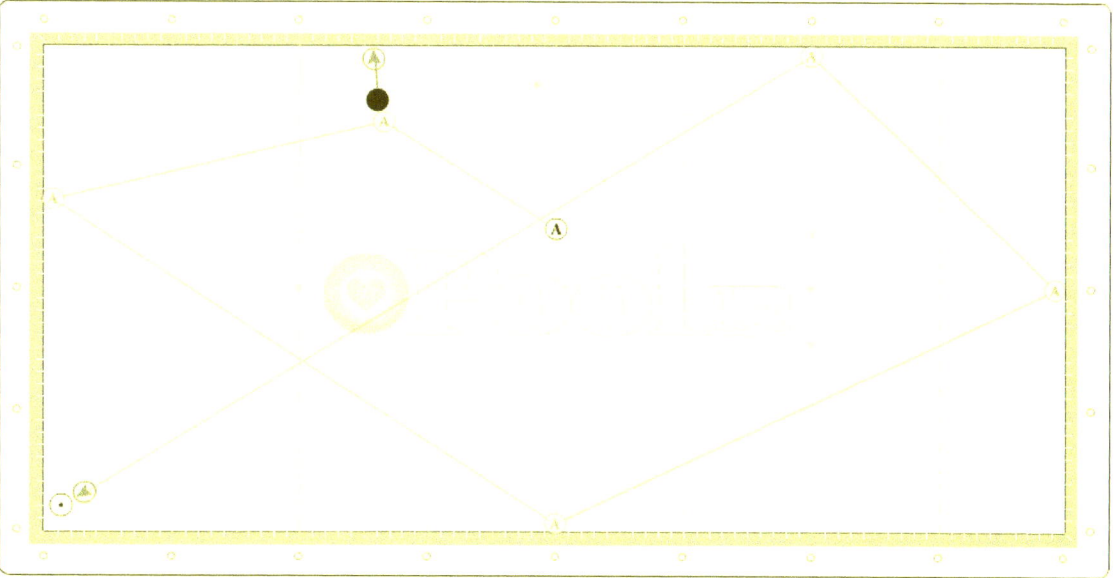

D:3d – Setup

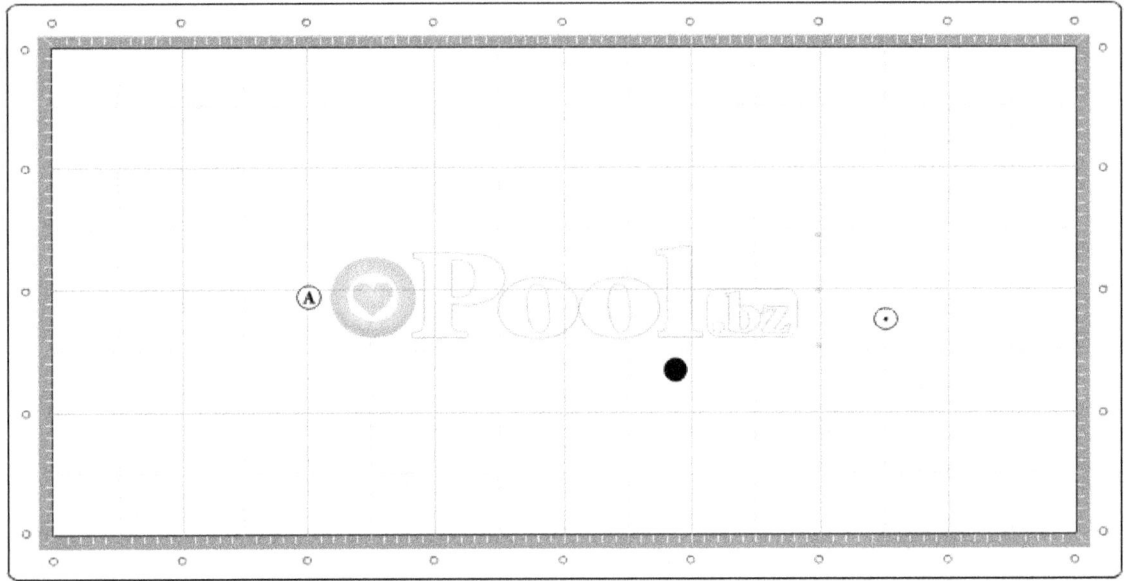

Noter og ideer:

Afspilning mønster

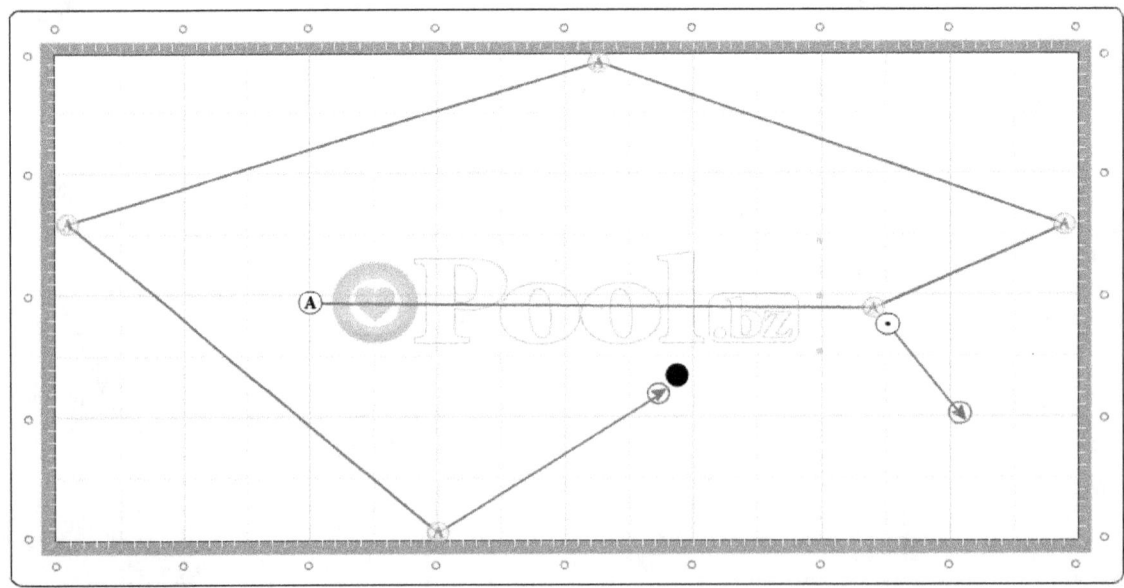

D: Gruppe 4

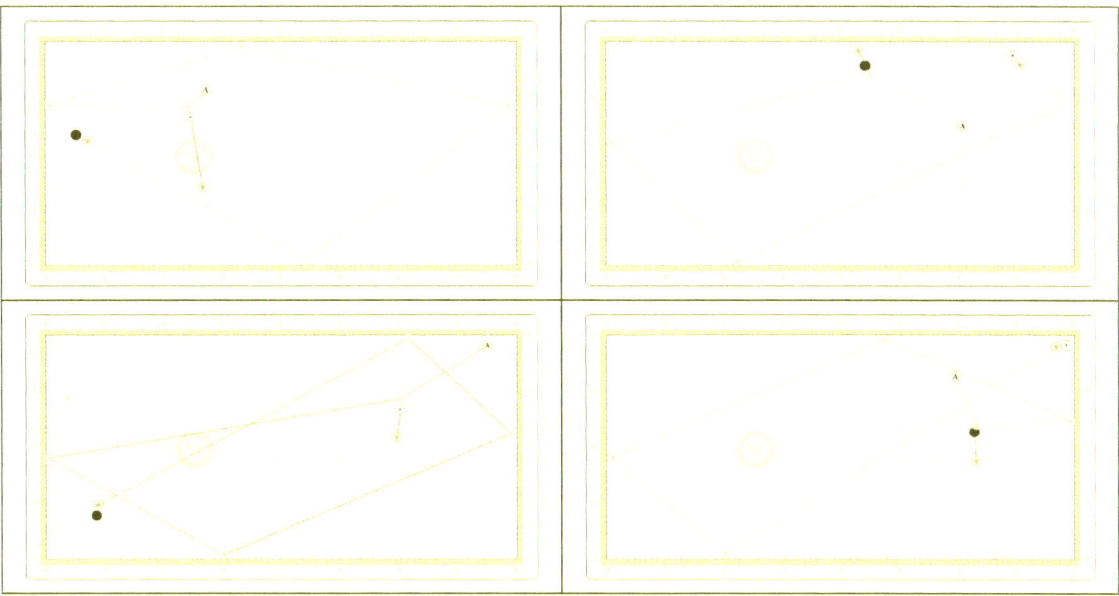

Analyse:

D:4a. _____

D:4b. _____

D:4c. _____

D:4d. _____

D:4a – Setup

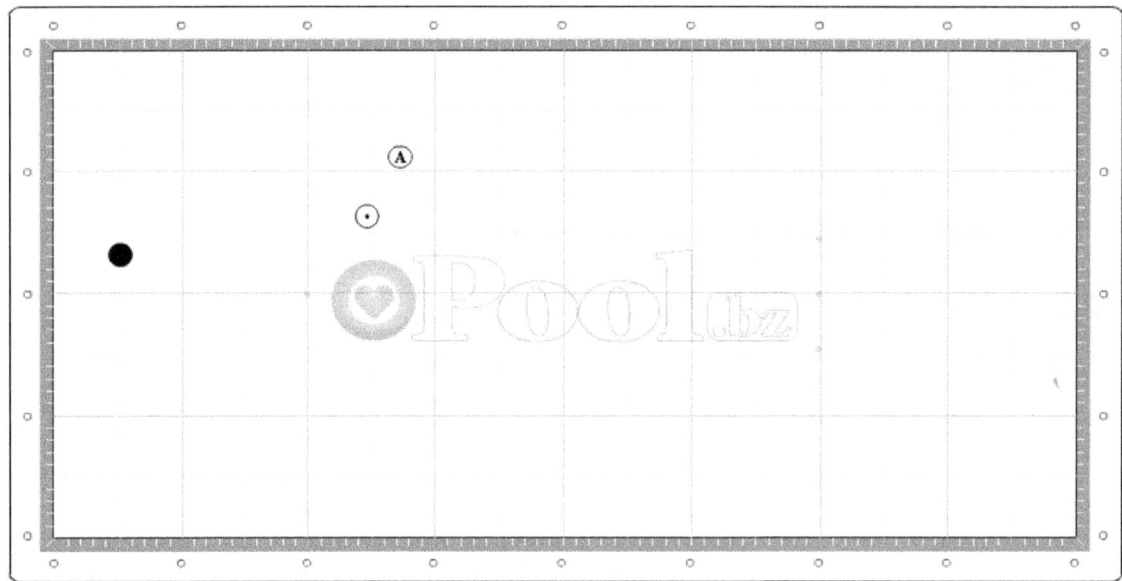

Noter og ideer:

Afspilning mønster

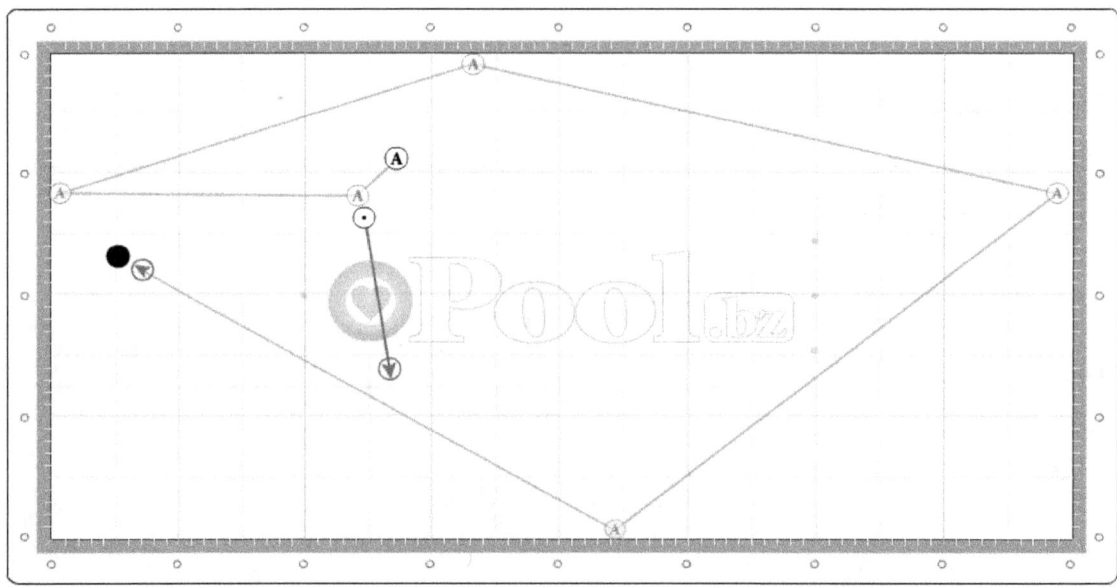

D:4b – Setup

Noter og ideer:

Afspilning mønster

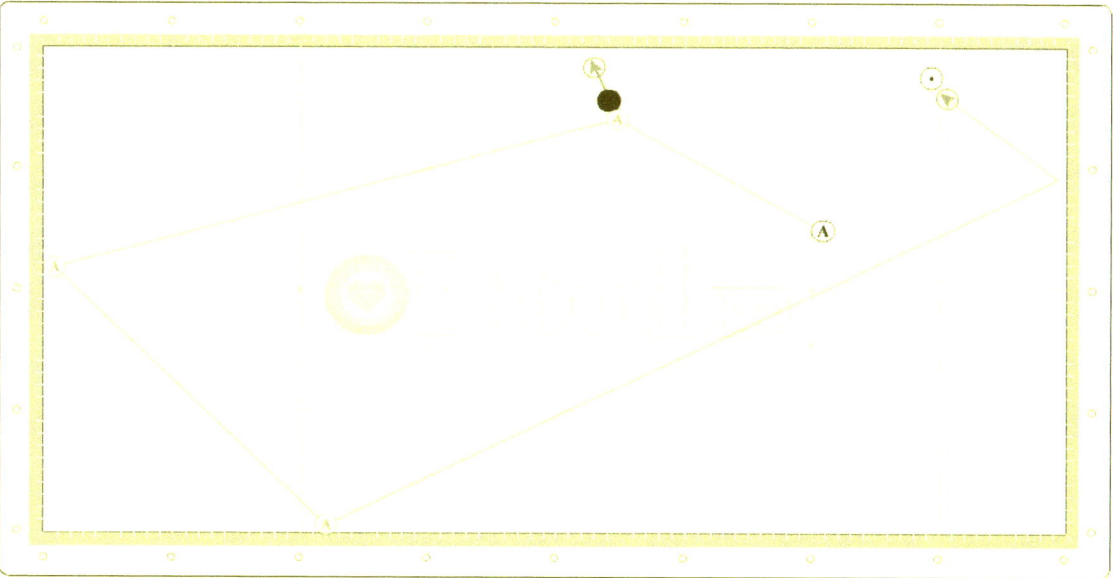

D:4c – Setup

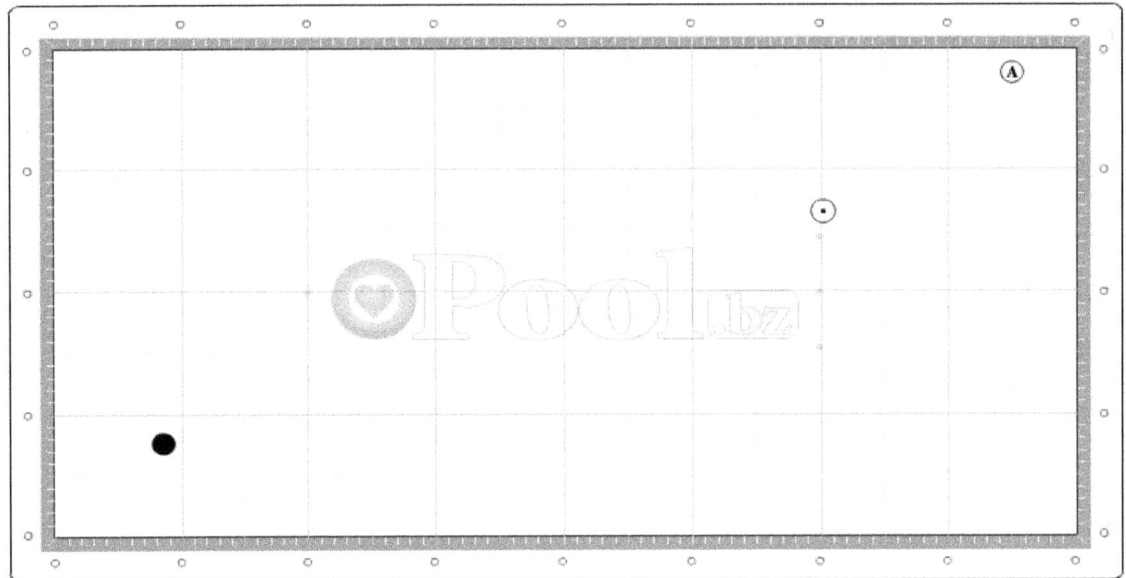

Noter og ideer:

Afspilning mønster

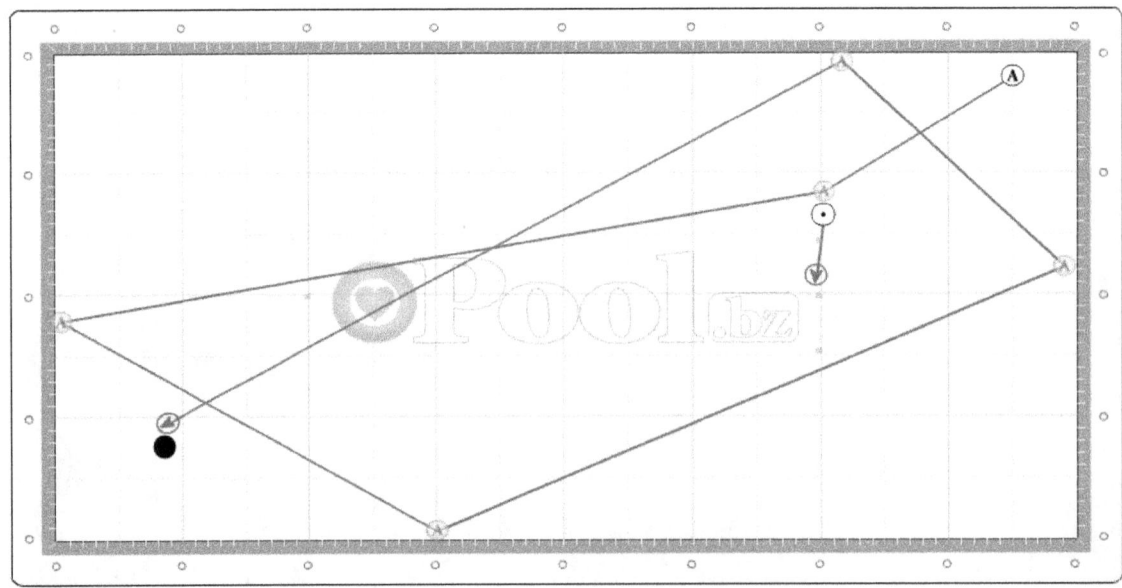

D:4d – Setup

Noter og ideer:

Afspilning mønster

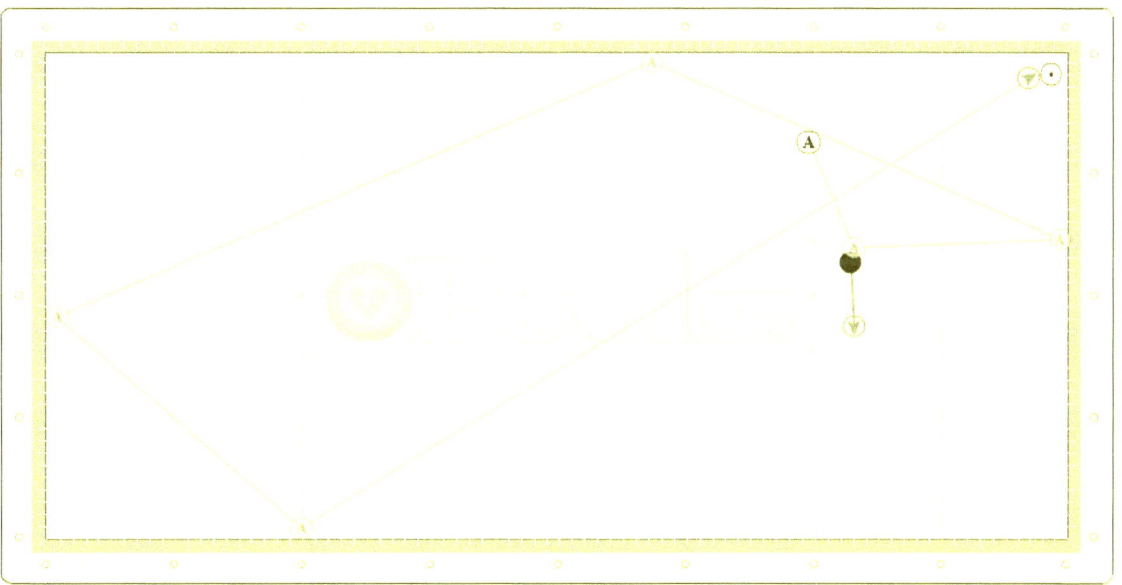

E: 5 bander (lang bande)

Den (CB) kommer ud af den første (OB) og ind i den lange bande. Den (CB) bevæger sig i fem bander, før den kontakter den anden (OB).

Ⓐ (CB) (din billardkugle) – ⊙ (OB) (modstander billardkugle) – ● (OB) (rød billardkugle)

E: Gruppe 1

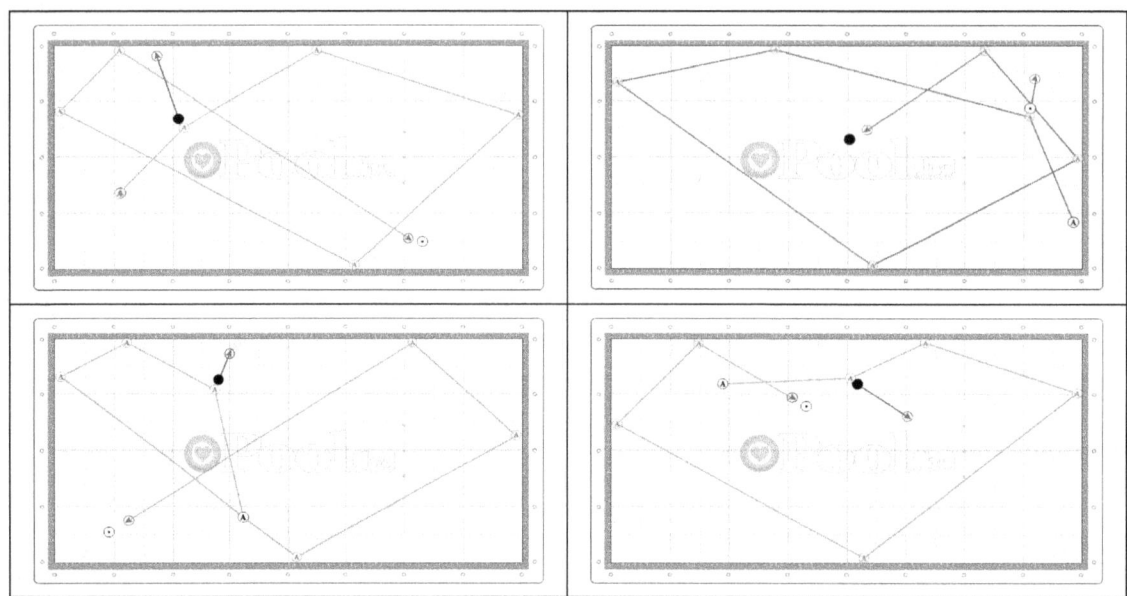

Analyse:

E:1a. _____

E:1b. _____

E:1c. _____

E:1d. _____

E:1a – Setup

Noter og ideer:

Afspilning mønster

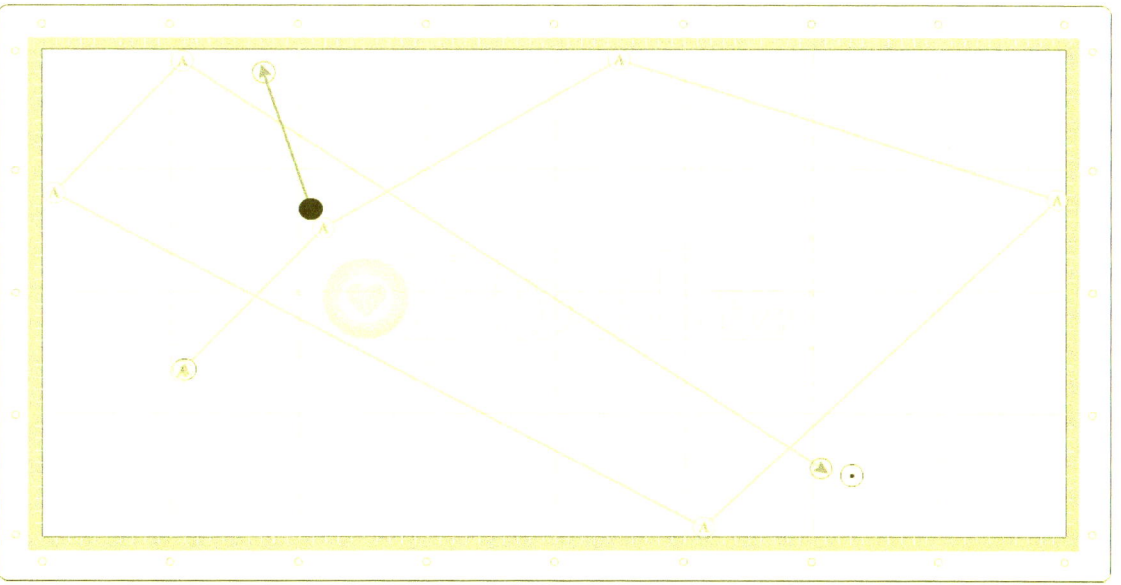

E:1b – Setup

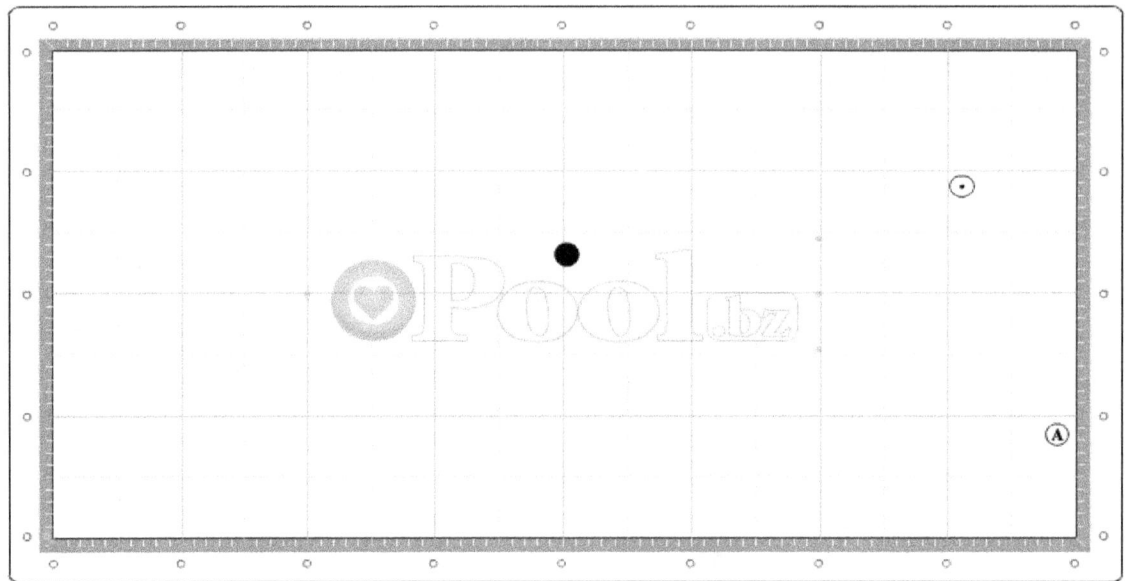

Noter og ideer:

Afspilning mønster

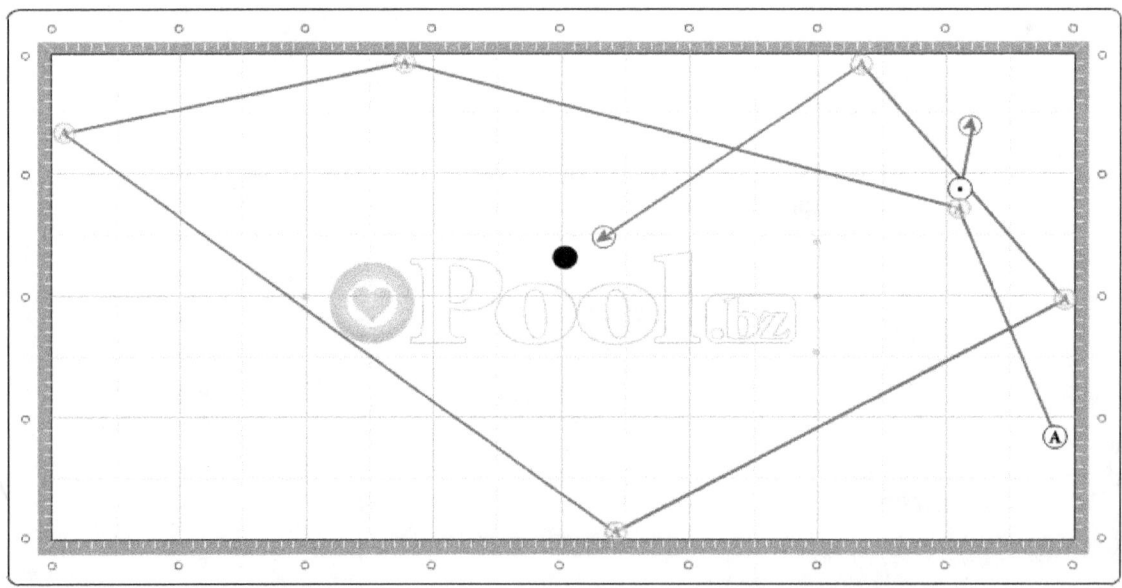

E:1c – Setup

Noter og ideer:

Afspilning mønster

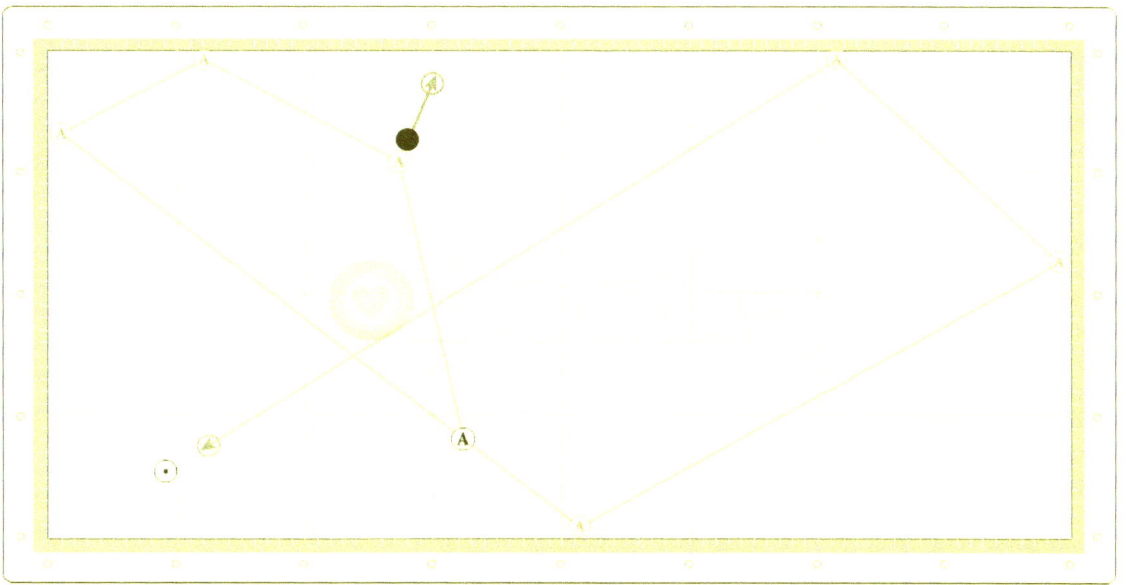

E:1d – Setup

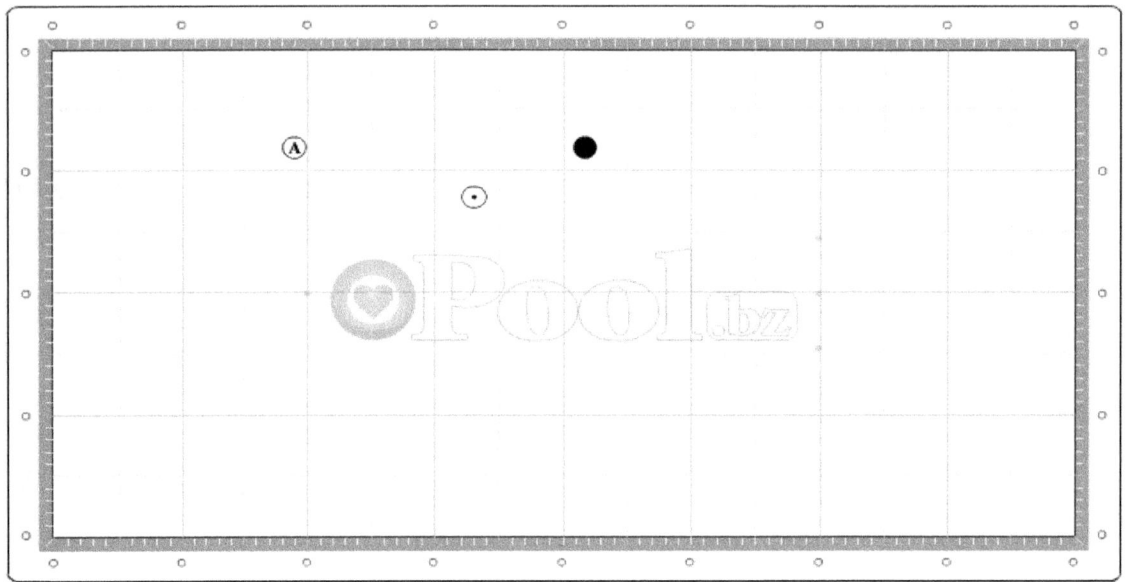

Noter og ideer:

Afspilning mønster

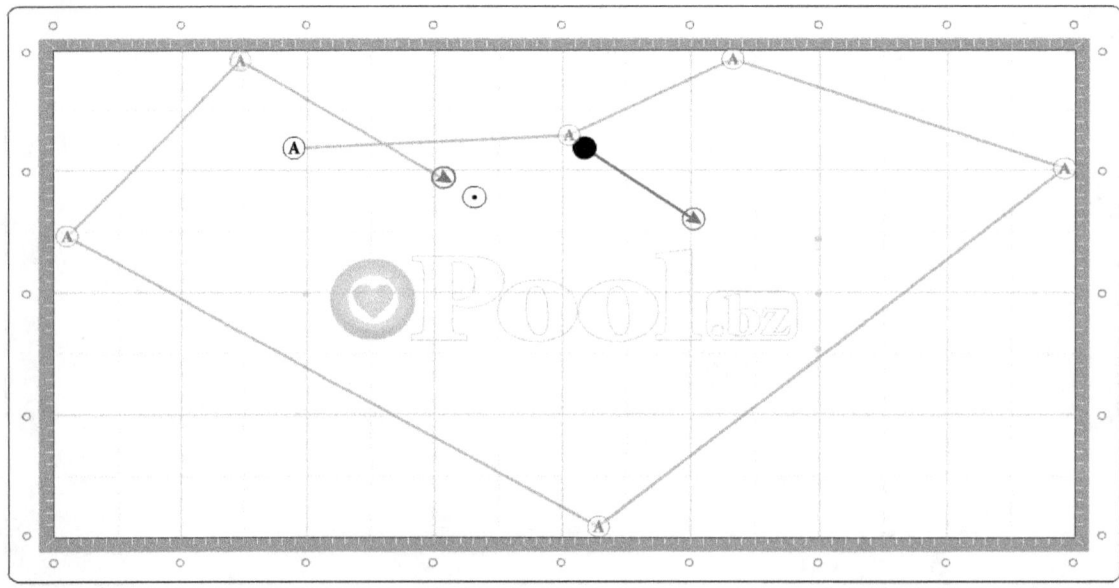

E: Gruppe 2

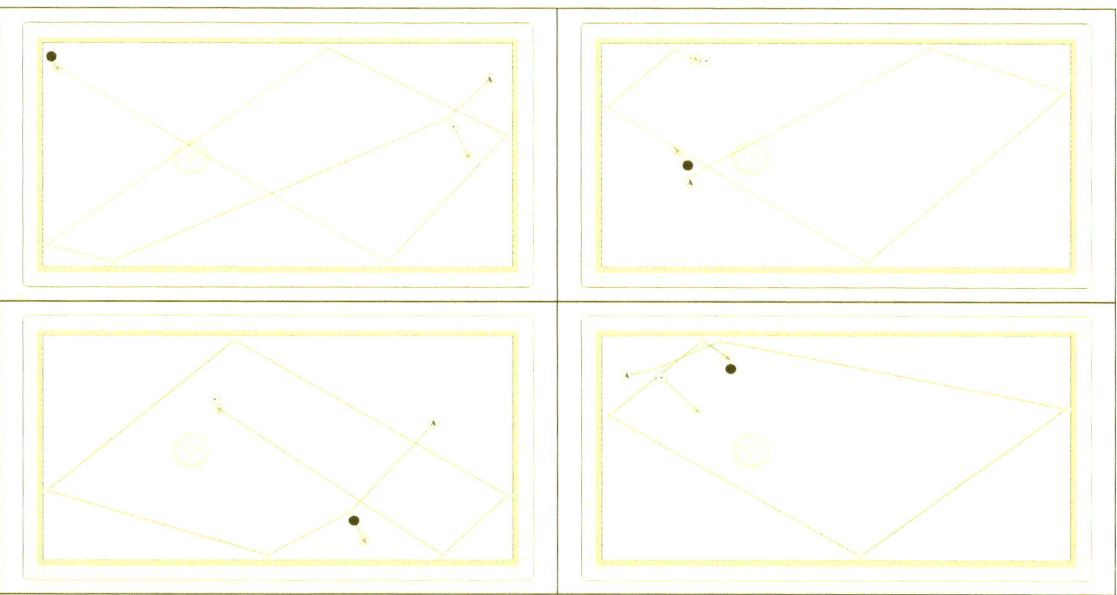

Analyse:

E:2a. _____

E:2b. _____

E:2c. _____

E:2d. _____

E:2a – Setup

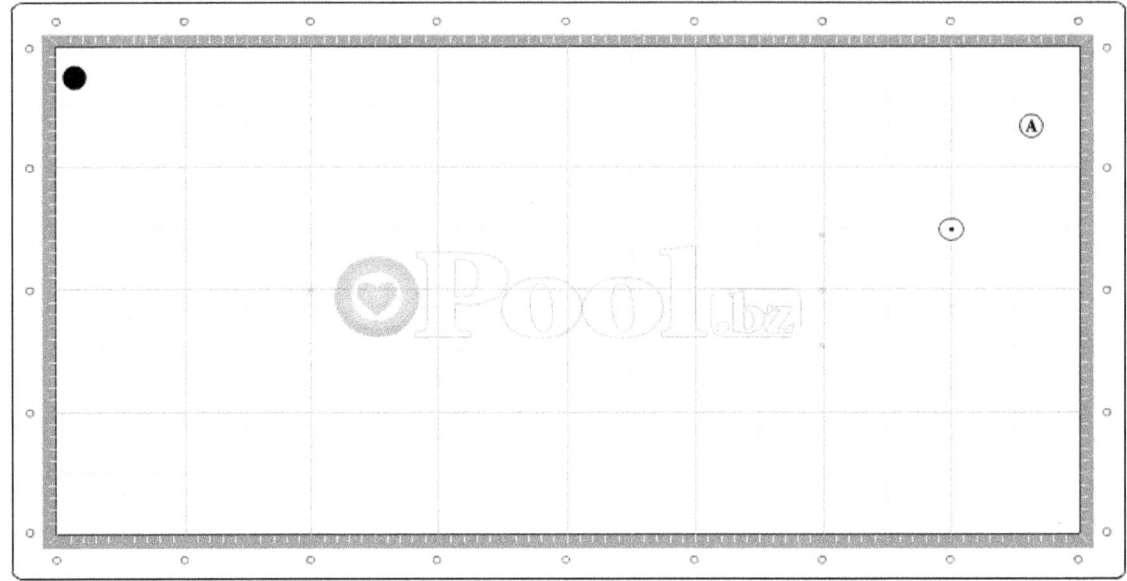

Noter og ideer:

Afspilning mønster

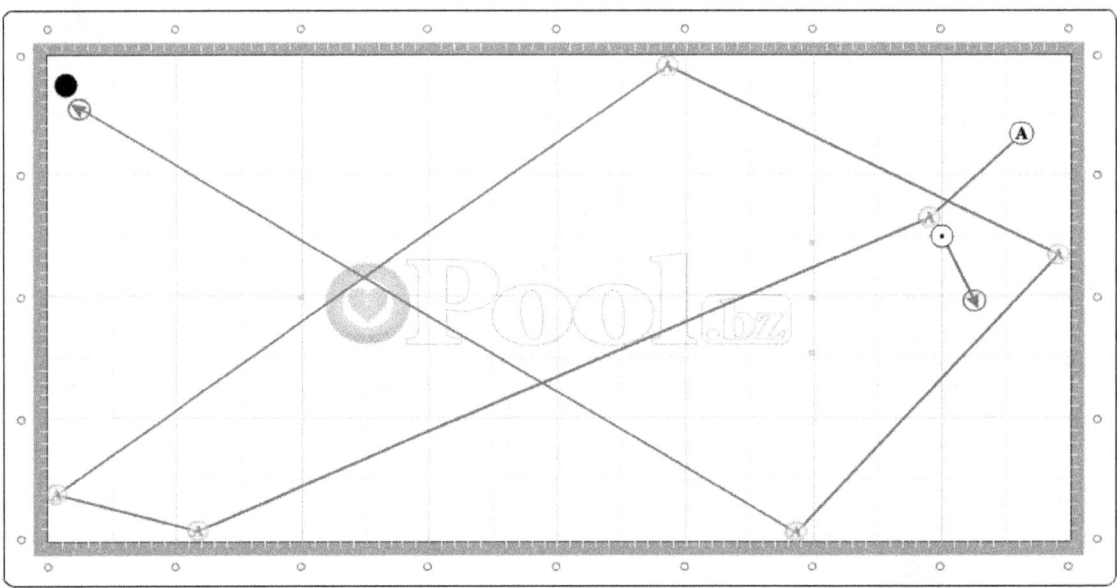

E:2b – Setup

Noter og ideer:

Afspilning mønster

E:2c – Setup

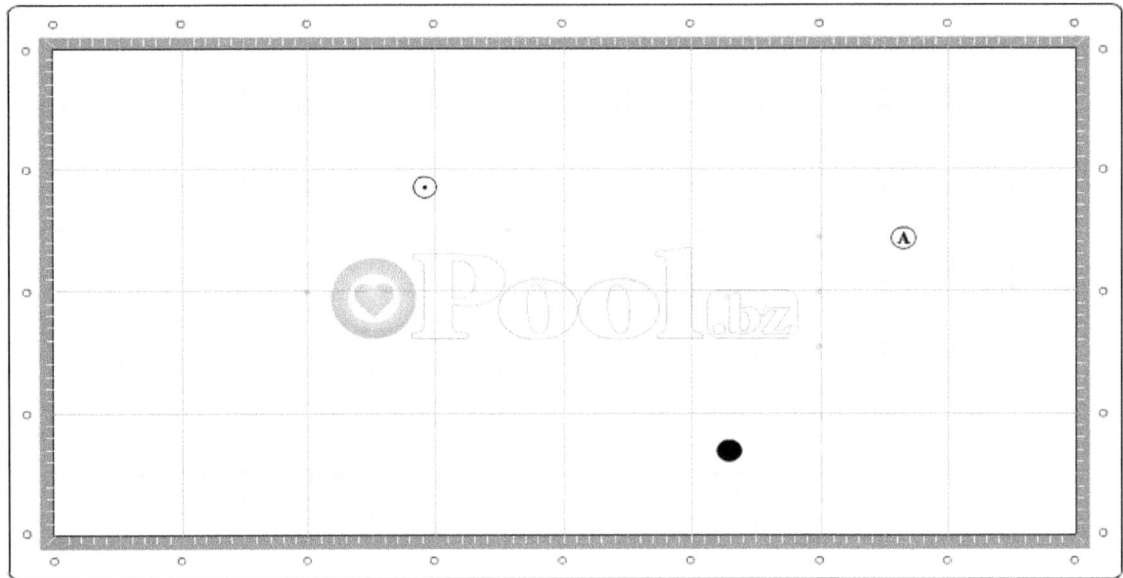

Noter og ideer:

Afspilning mønster

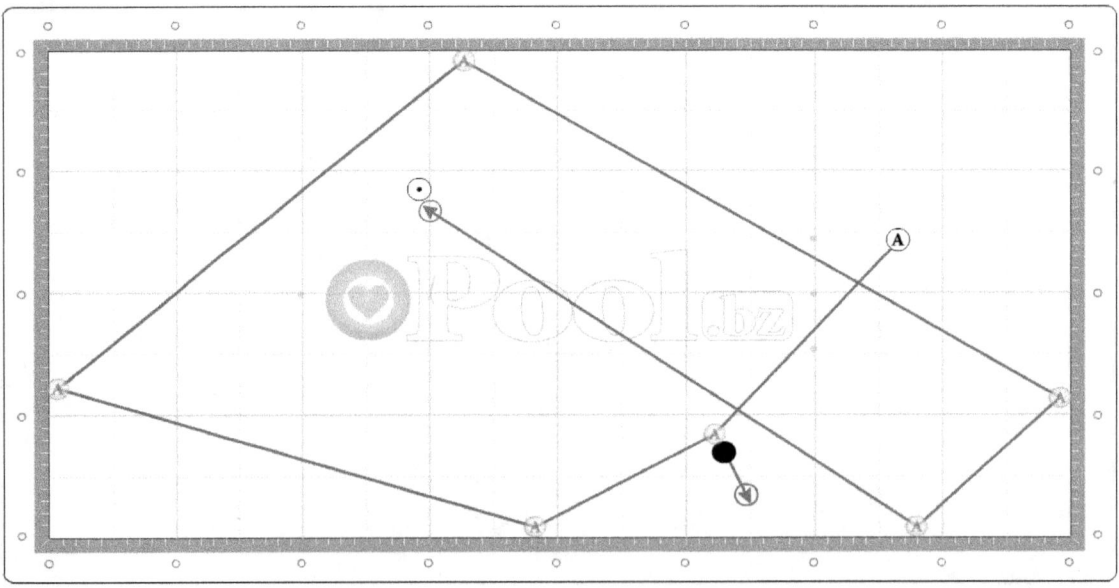

E:2d – Setup

Noter og ideer:

Afspilning mønster

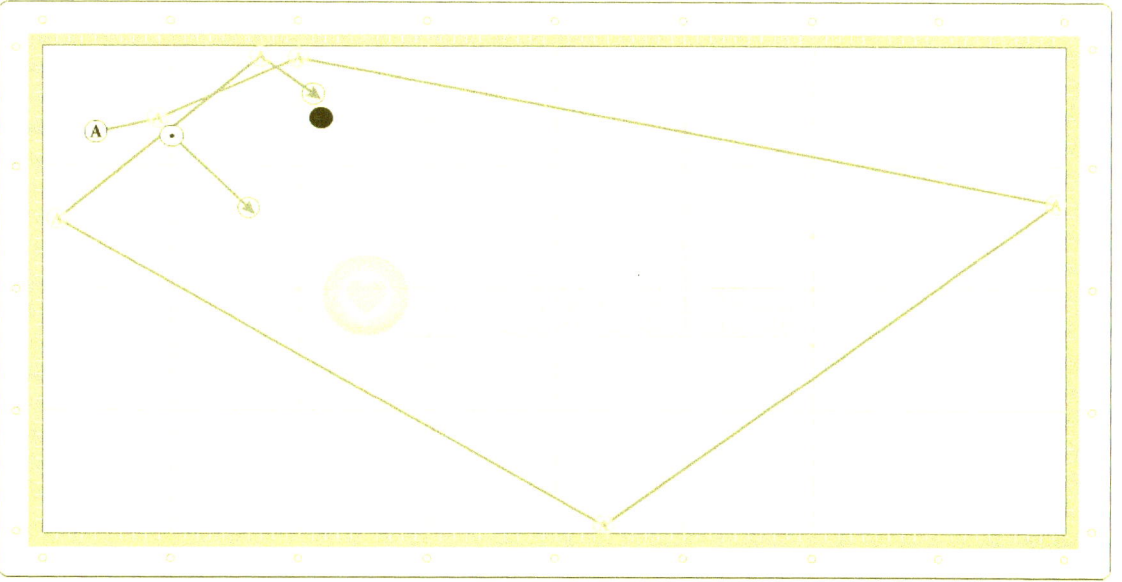

E: Gruppe 3

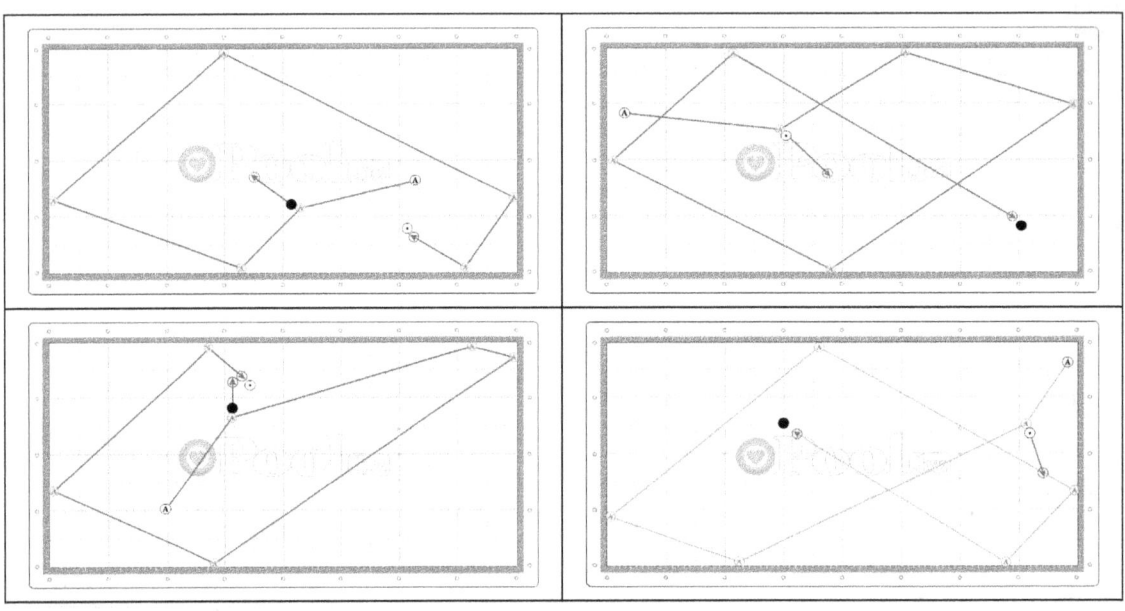

Analyse:

E:3a. _____

E:3b. _____

E:3c. _____

E:3d. _____

E:3a – Setup

Noter og ideer:

Afspilning mønster

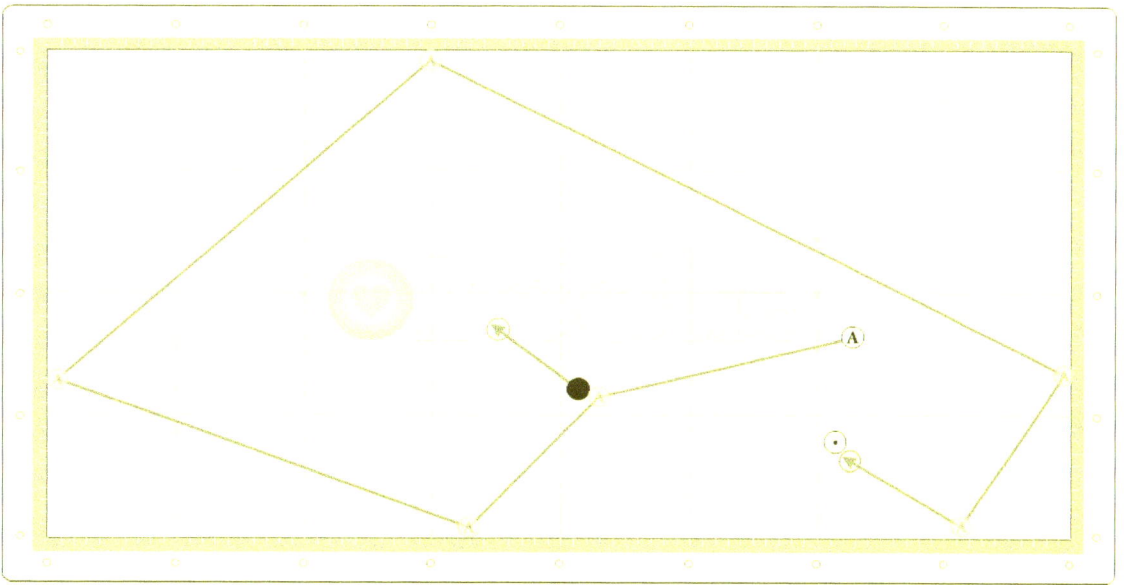

E:3b – Setup

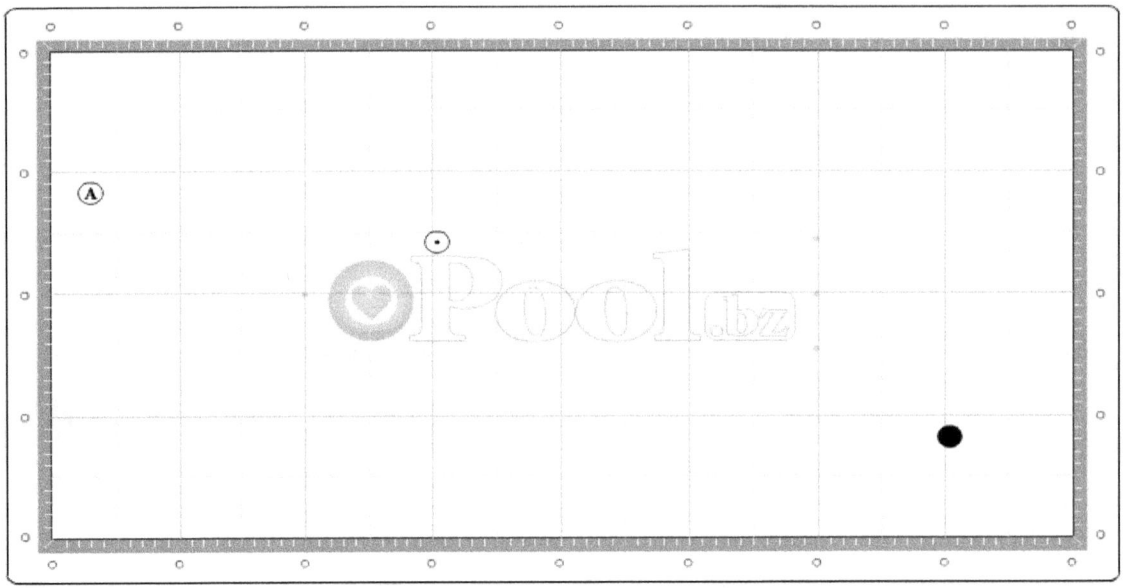

Noter og ideer:

Afspilning mønster

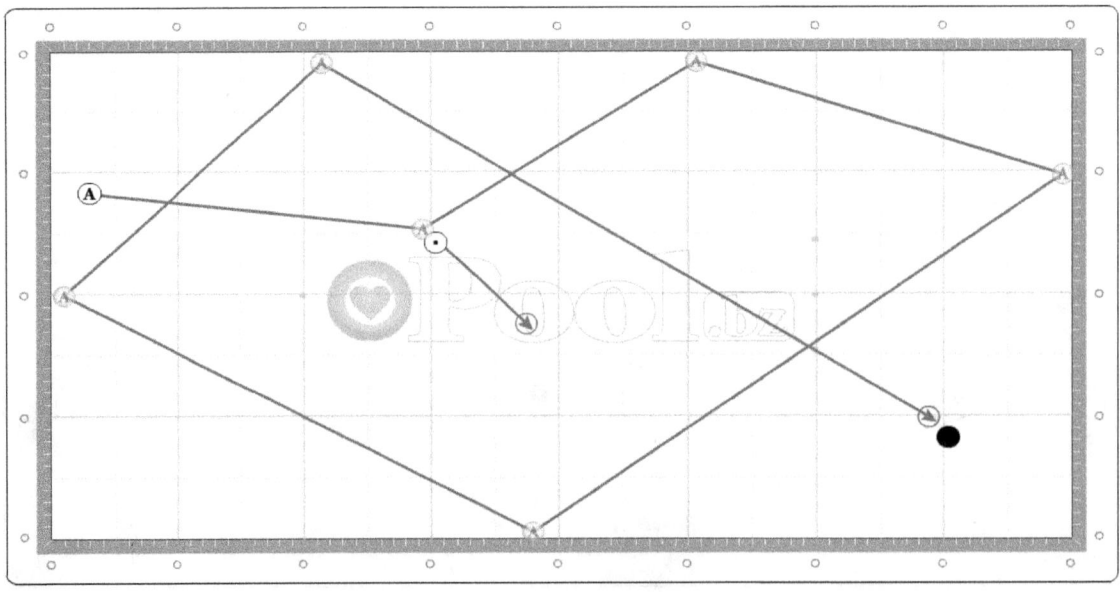

E:3c – Setup

Noter og ideer:

Afspilning mønster

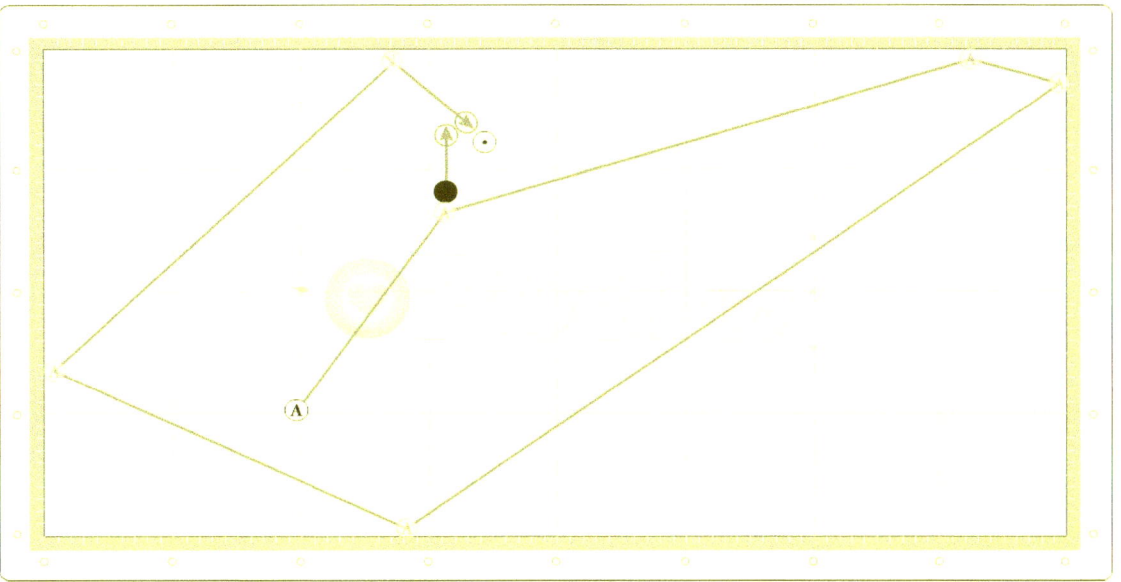

E:3d – Setup

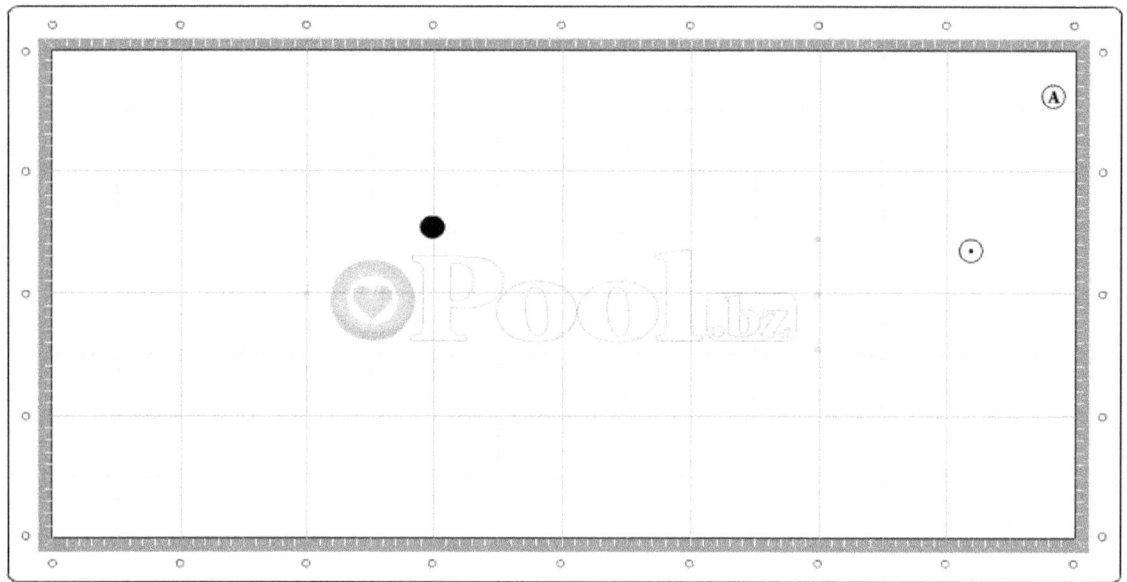

Noter og ideer:

Afspilning mønster

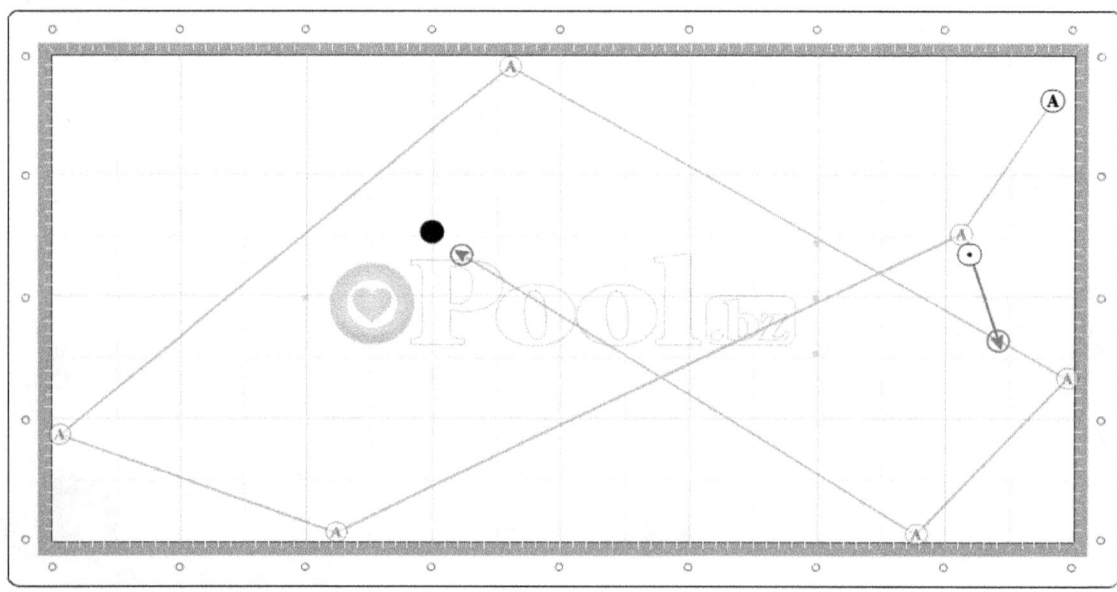

E: Gruppe 4

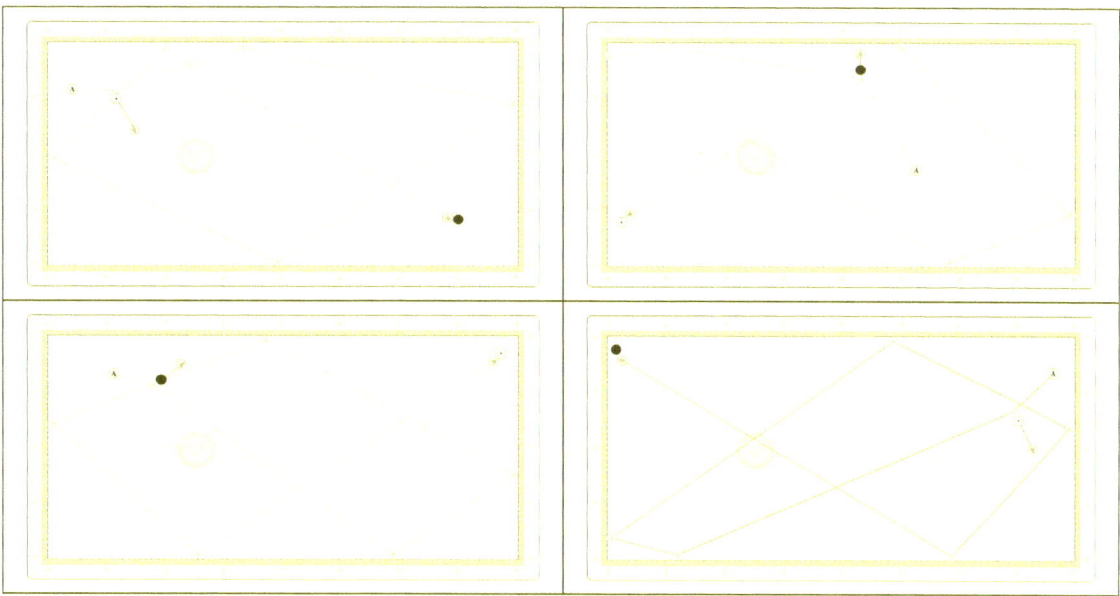

Analyse:

E:4a. _____

E:4b. _____

E:4c. _____

E:4d. _____

E:4a – Setup

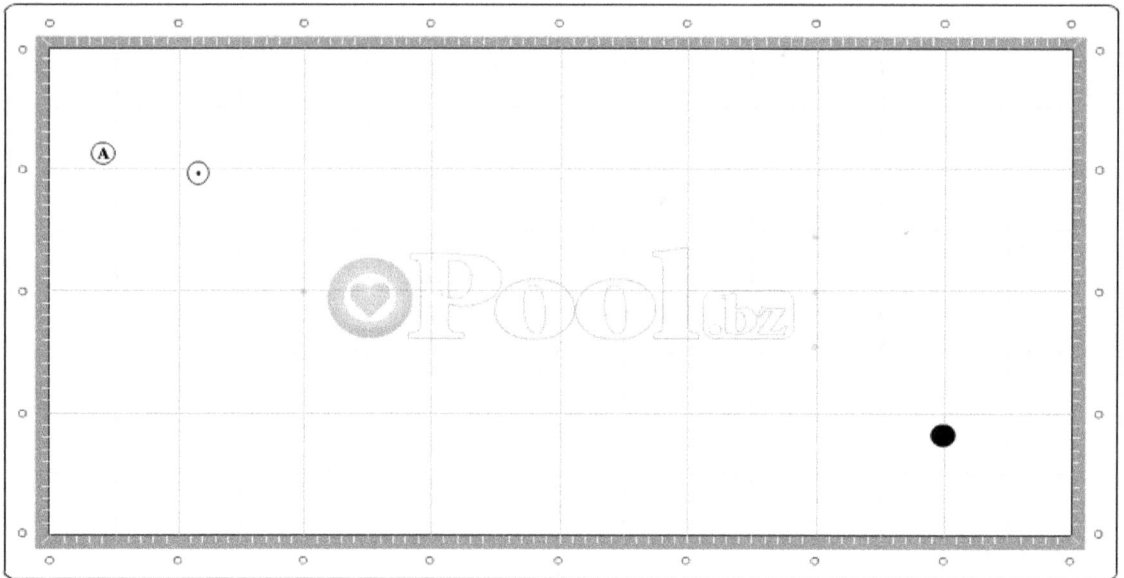

Noter og ideer:

Afspilning mønster

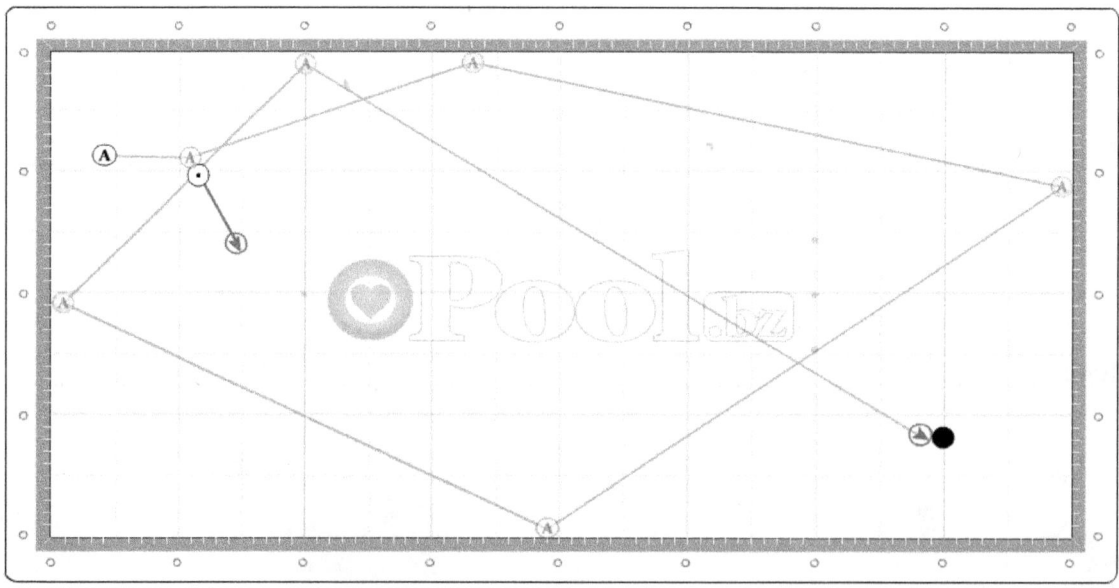

E:4b – Setup

Noter og ideer:

Afspilning mønster

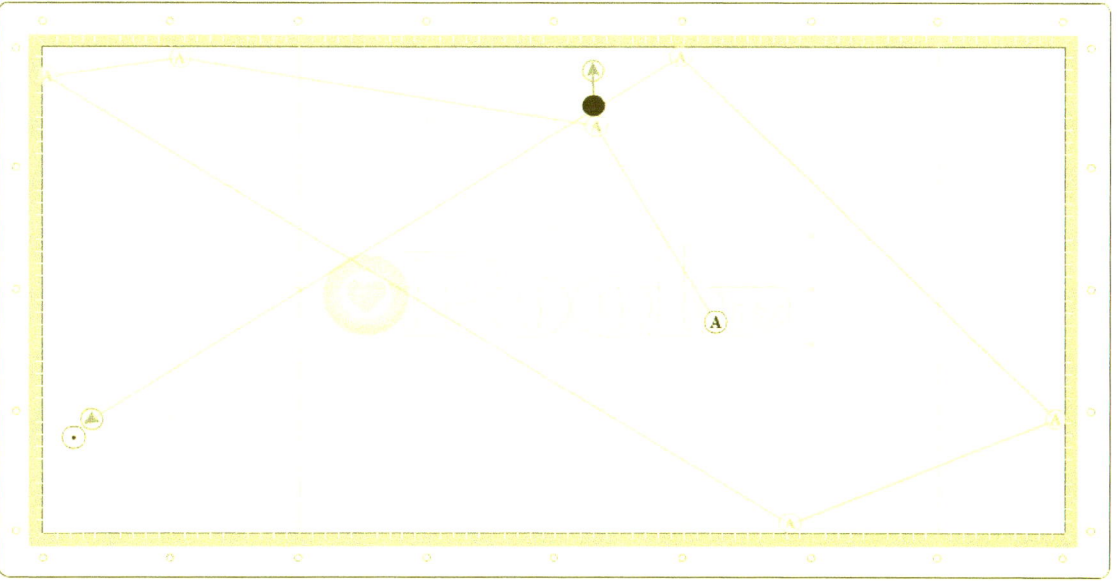

E:4c – Setup

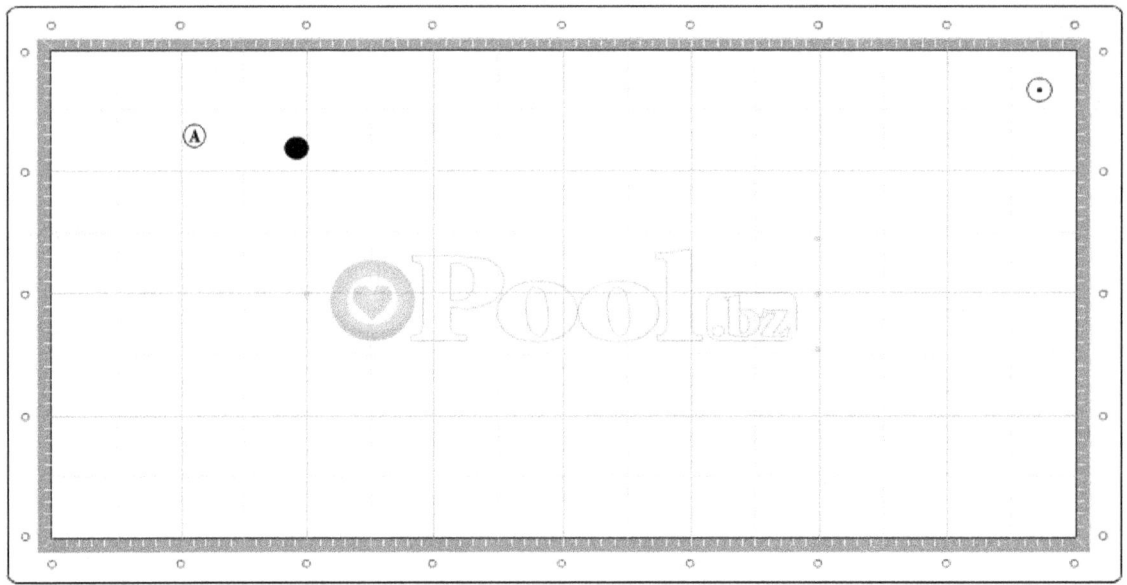

Noter og ideer:

Afspilning mønster

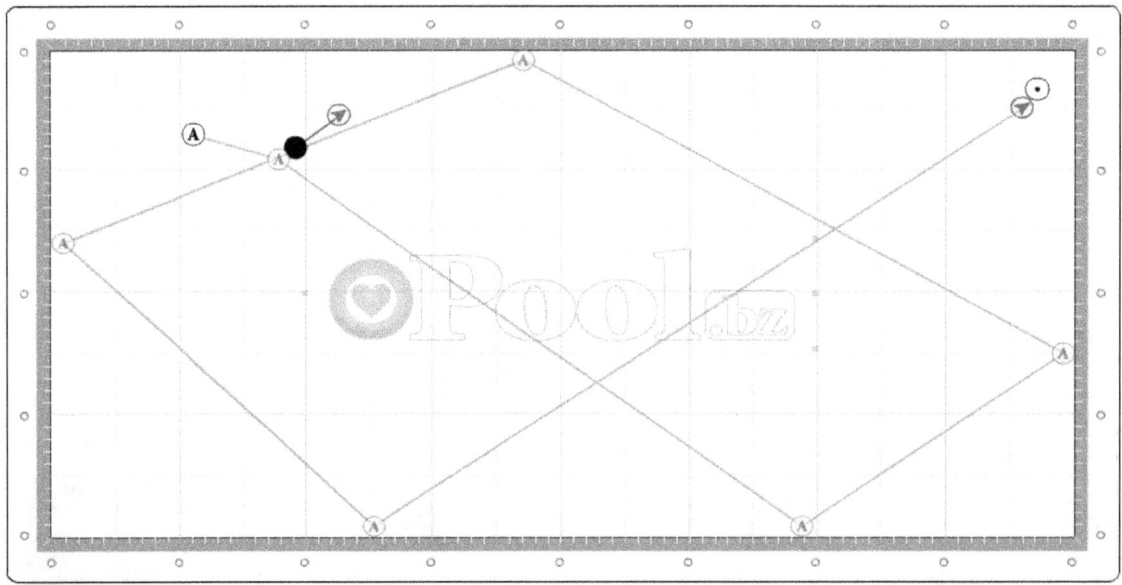

E:4d – Setup

Noter og ideer:

Afspilning mønster

E: Gruppe 5

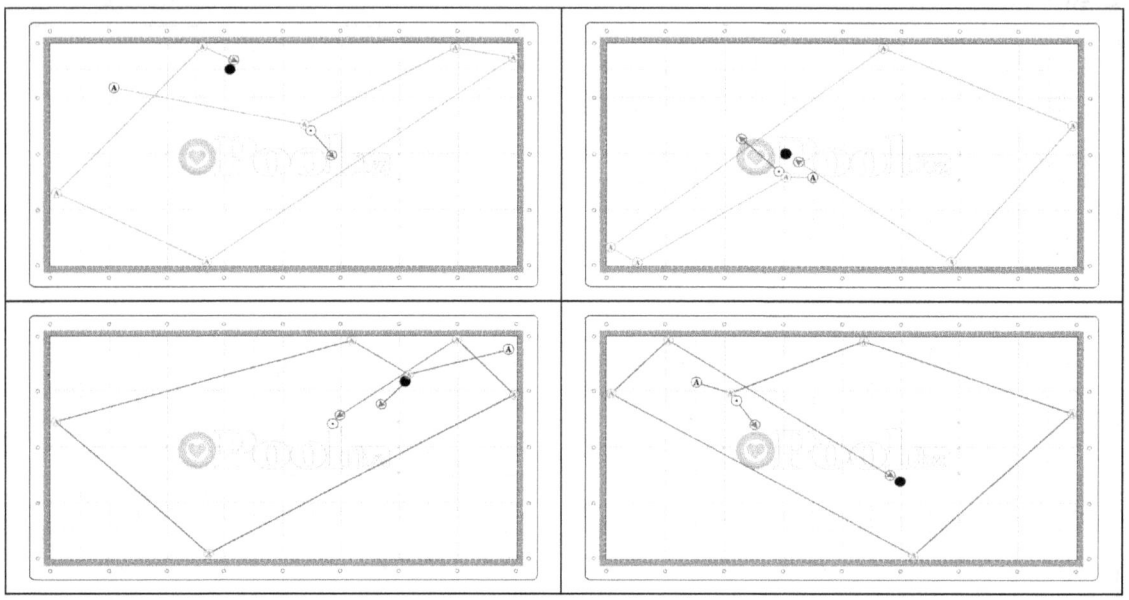

Analyse:

E:5a. _____

E:5b. _____

E:5c. _____

E:5d. _____

E:5a – Setup

Noter og ideer:

Afspilning mønster

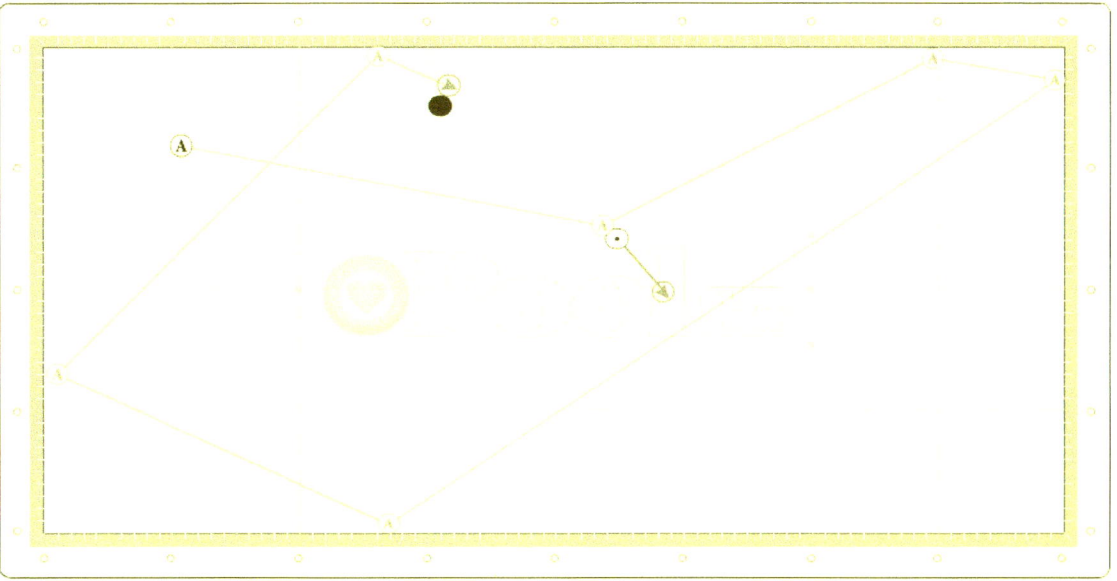

E:5b – Setup

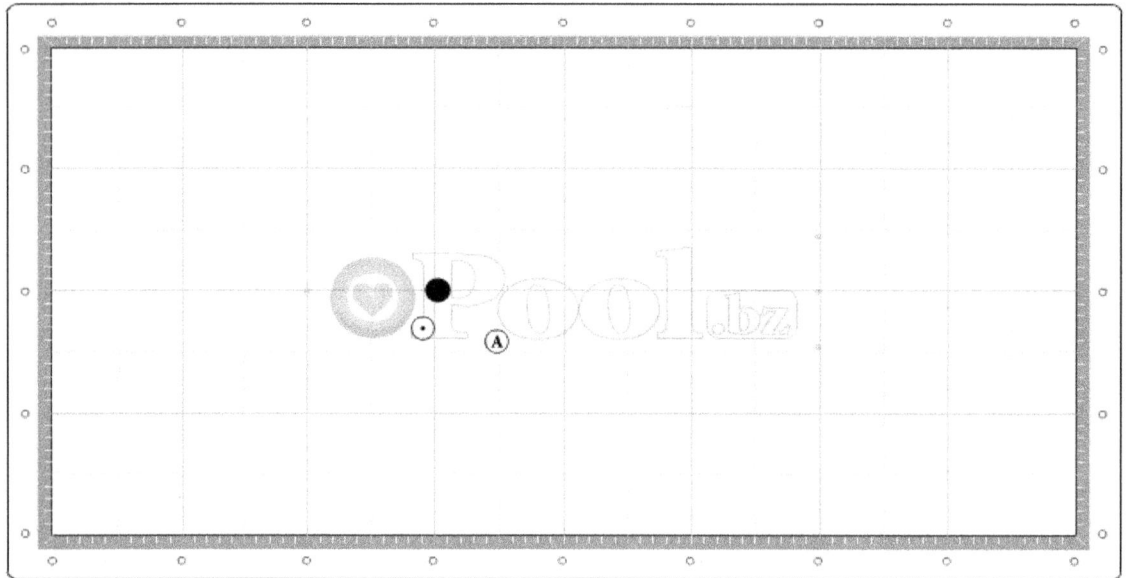

Noter og ideer:

Afspilning mønster

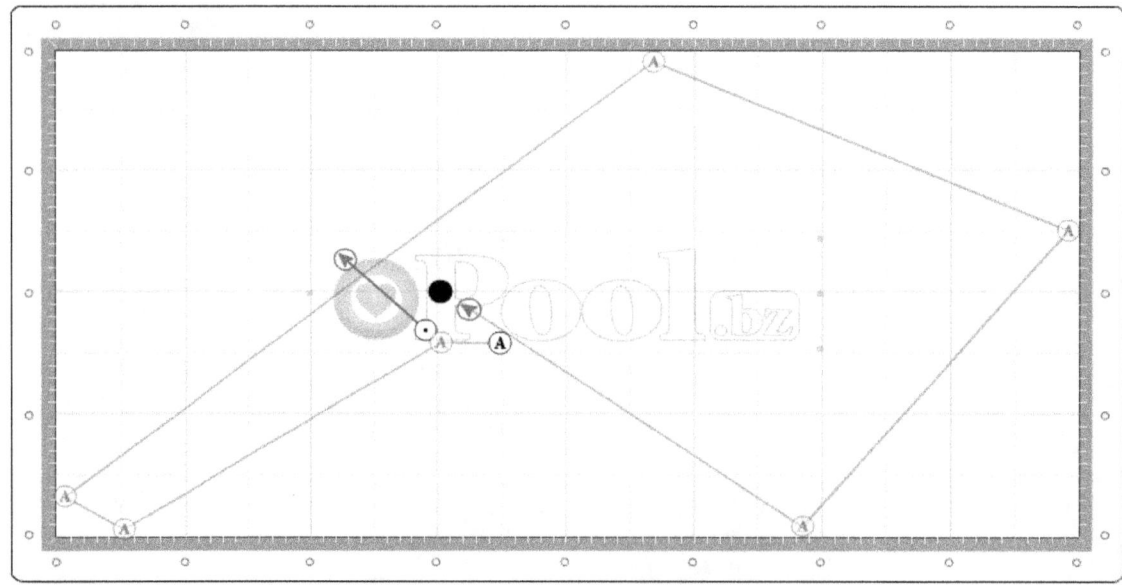

E:5c – Setup

Noter og ideer:

Afspilning mønster

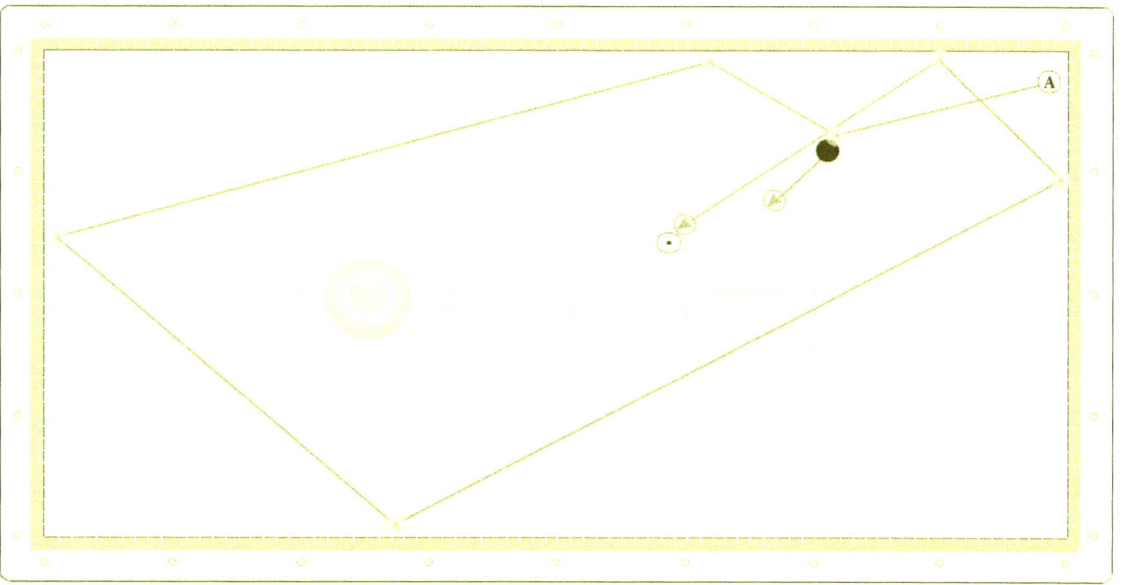

E:5d – Setup

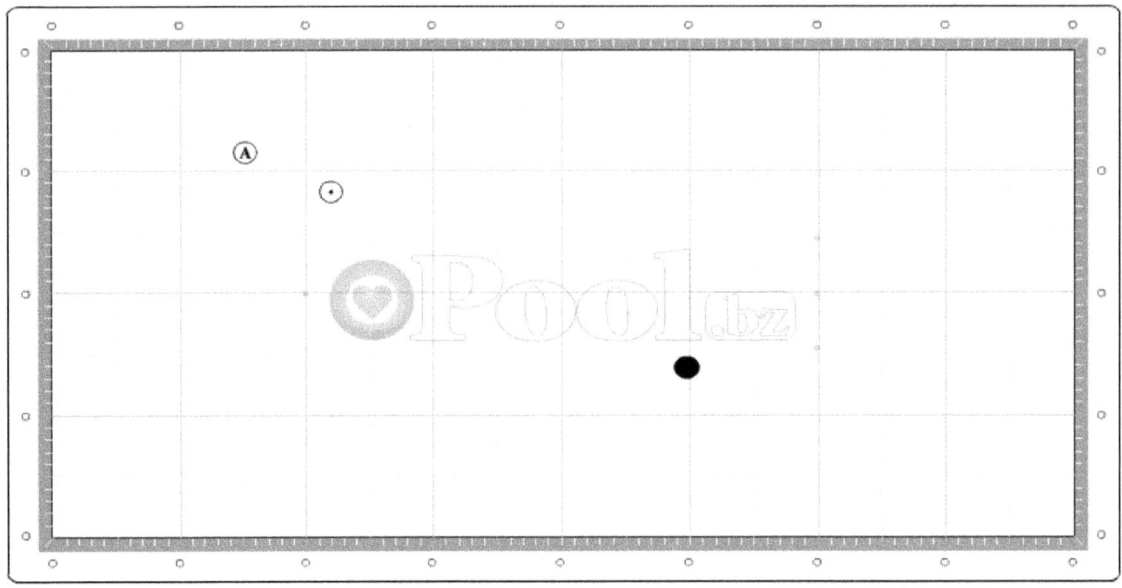

Noter og ideer:

Afspilning mønster

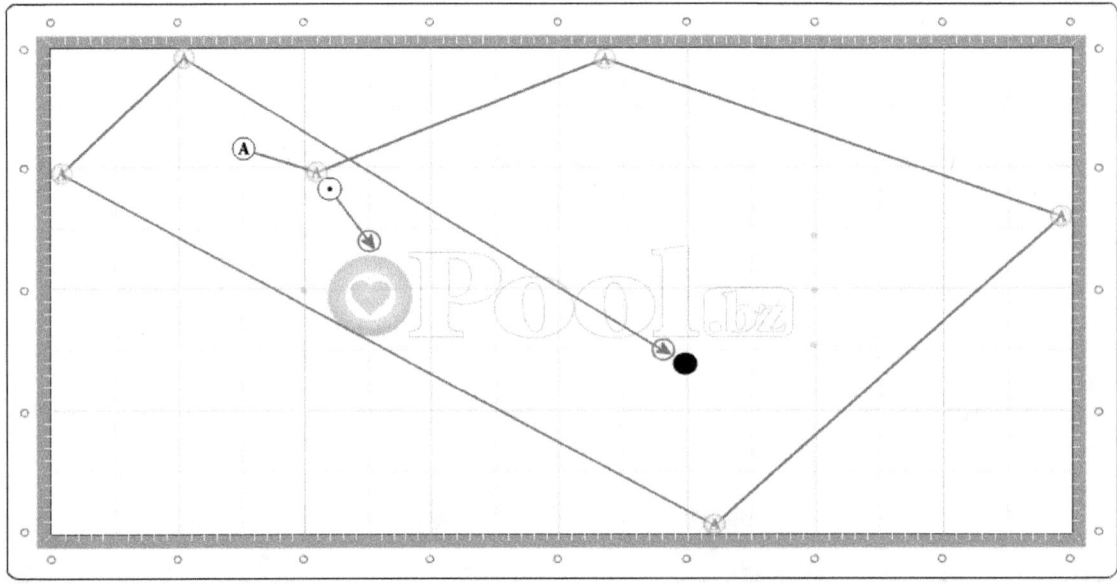

F: 5 bander (kort bande)

Den (CB) kommer ud af den første (OB) og ind i den korte bande. Det rejser så rundt i bordet i fem på hinanden følgende bander. Først da forbinder (CB) den anden (OB).

(A) (CB) (din billardkugle) – (·) (OB) (modstander billardkugle) – ● (OB) (rød billardkugle)

F: Gruppe 1

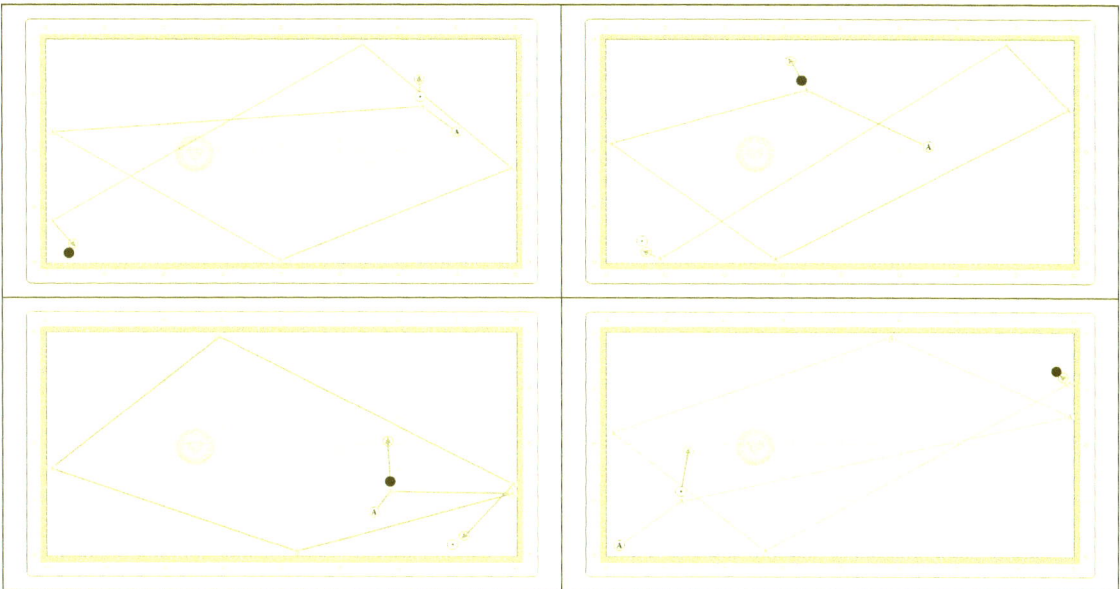

Analyse:

F:1a. _____

F:1b. _____

F:1c. _____

F:1d. _____

F:1a – Setup

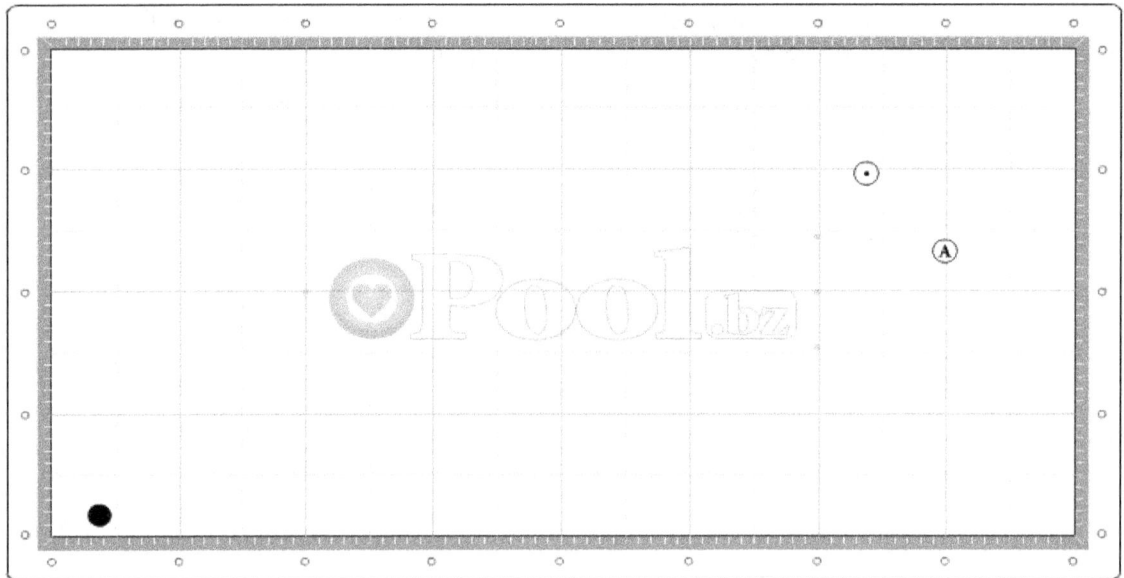

Noter og ideer:

Afspilning mønster

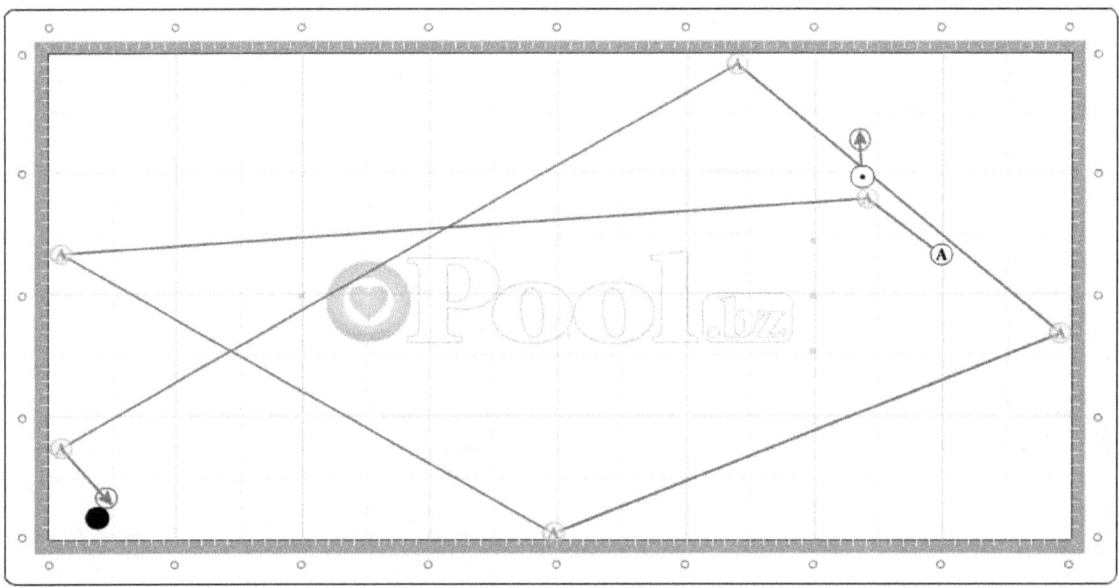

F:1b – Setup

Noter og ideer:

Afspilning mønster

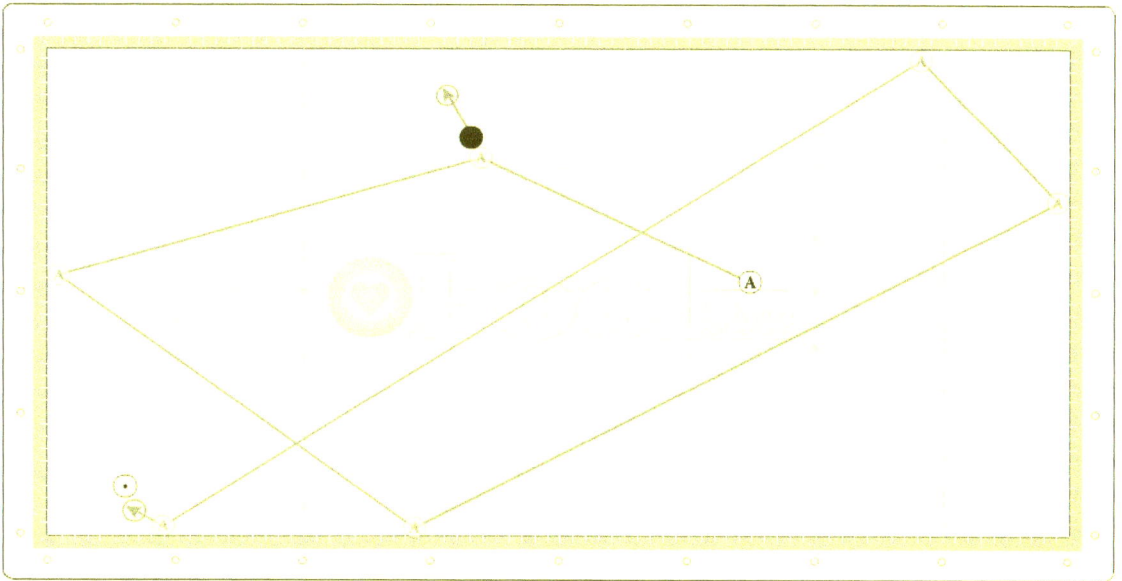

F:1c – Setup

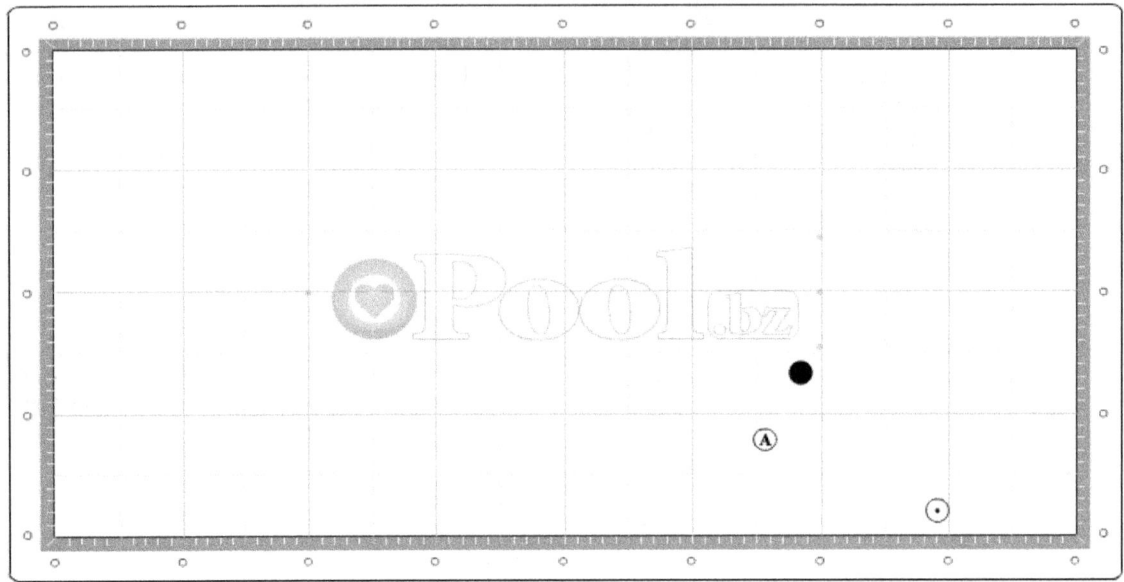

Noter og ideer:

Afspilning mønster

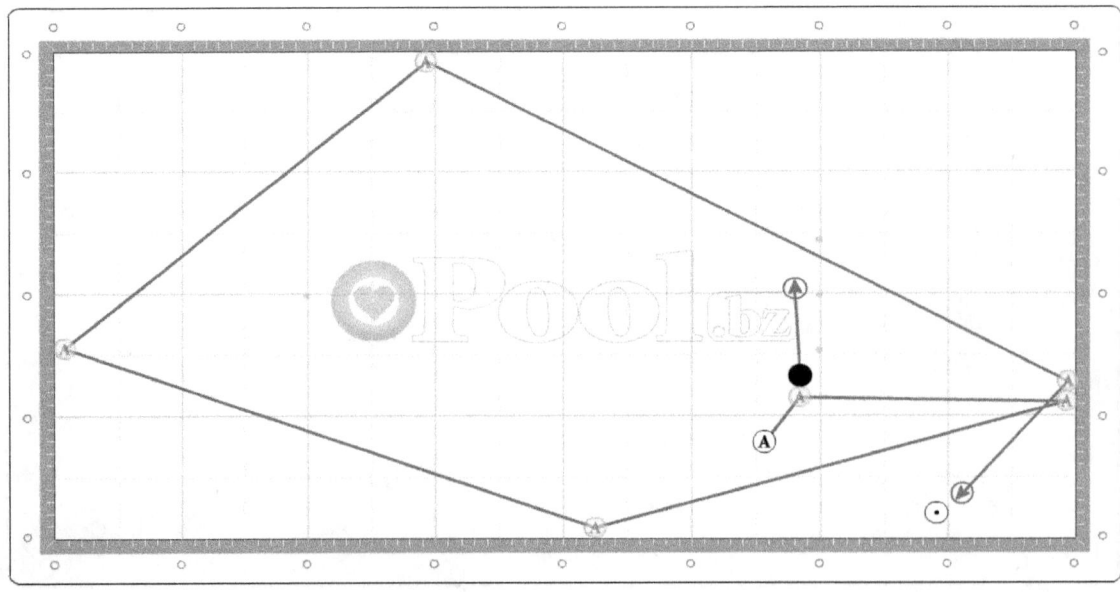

F:1d – Setup

Noter og ideer:

Afspilning mønster

F: Gruppe 2

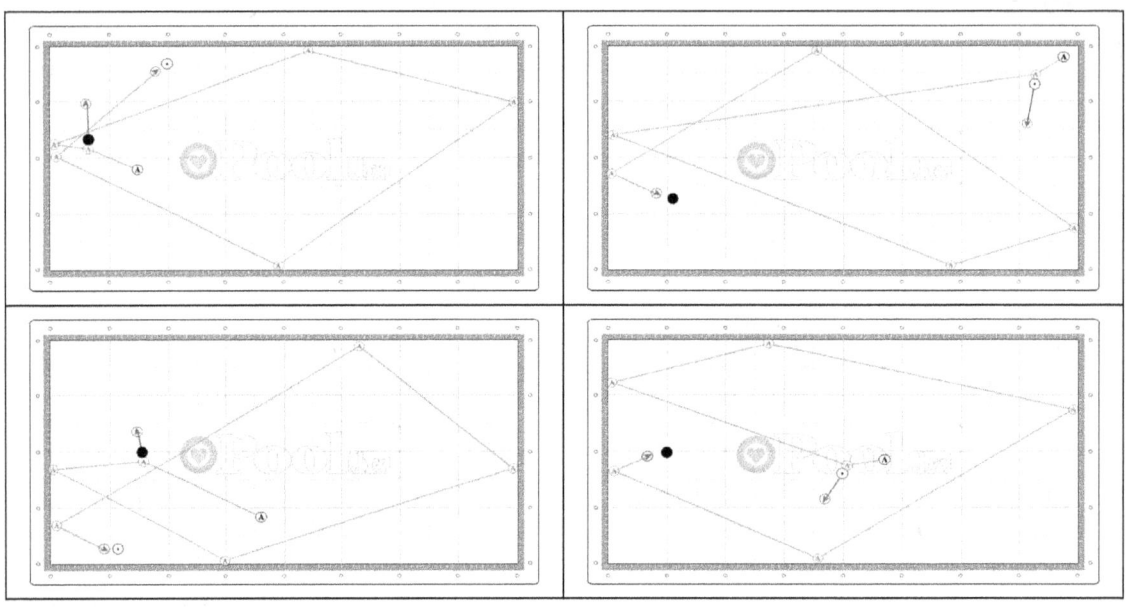

Analyse:

F:2a. _____

F:2b. _____

F:2c. _____

F:2d. _____

F:2a – Setup

Noter og ideer:

Afspilning mønster

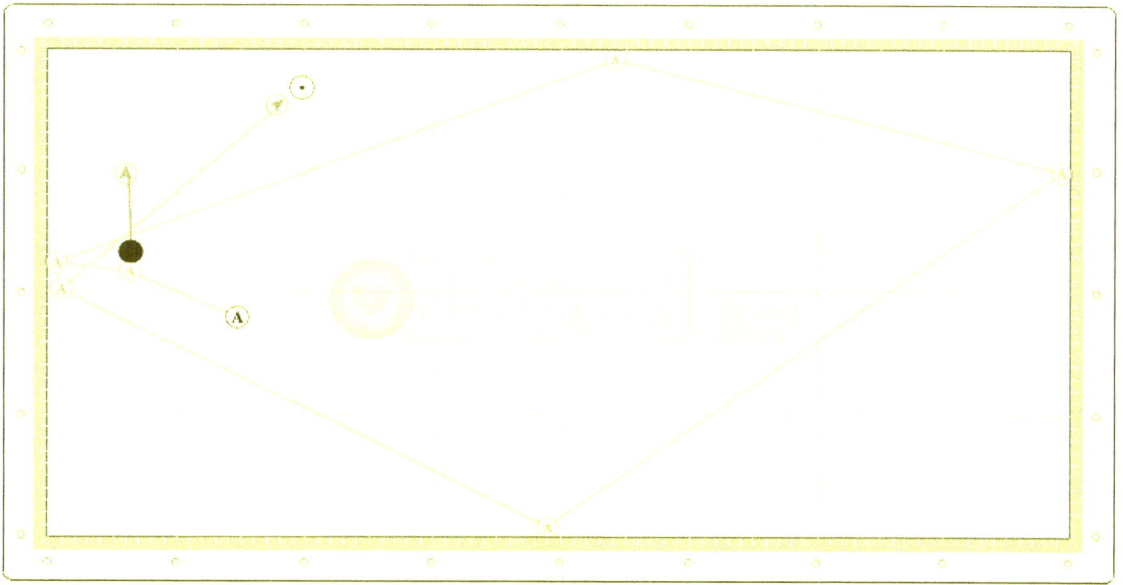

F:2b – Setup

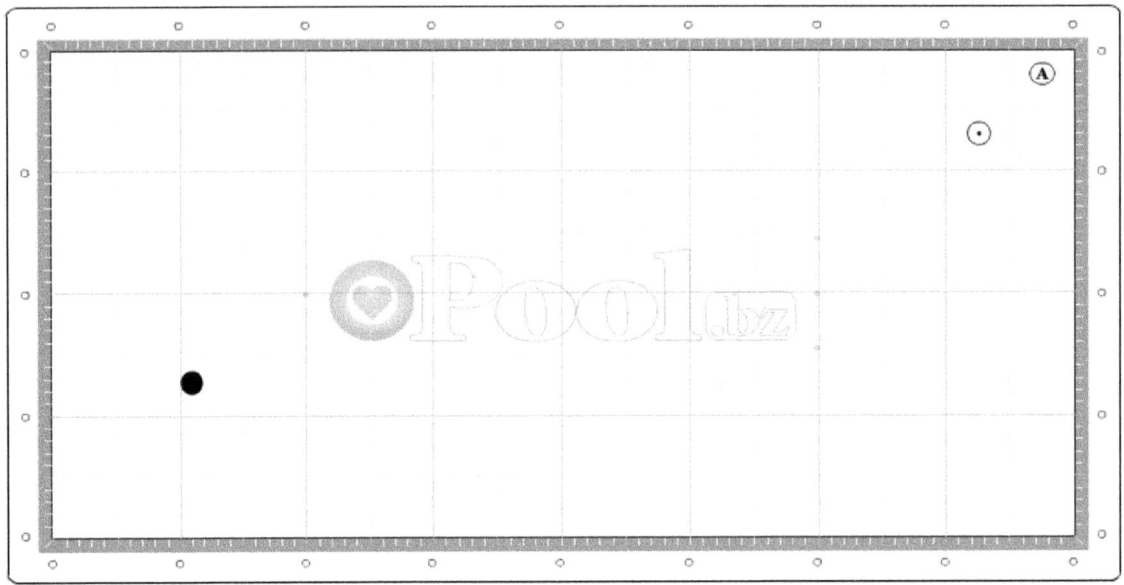

Noter og ideer:

Afspilning mønster

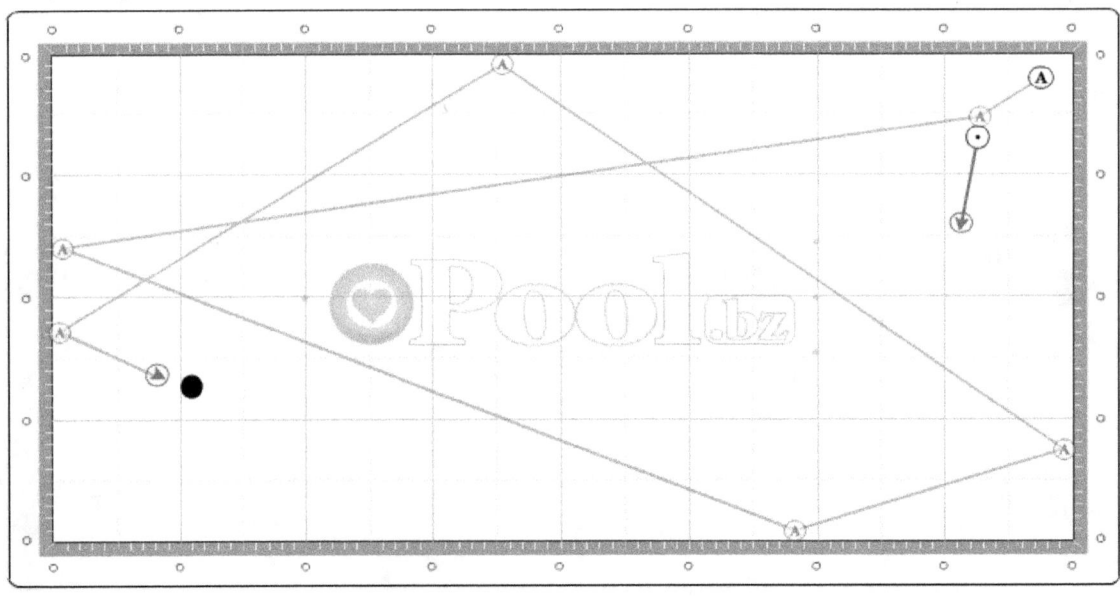

F:2c – Setup

Noter og ideer:

Afspilning mønster

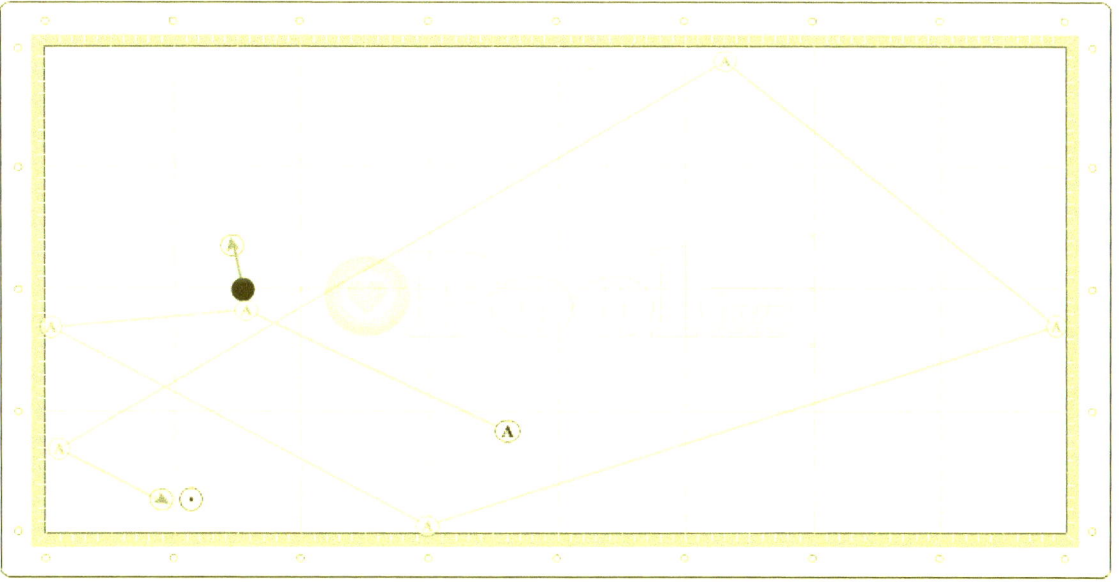

F:2d – Setup

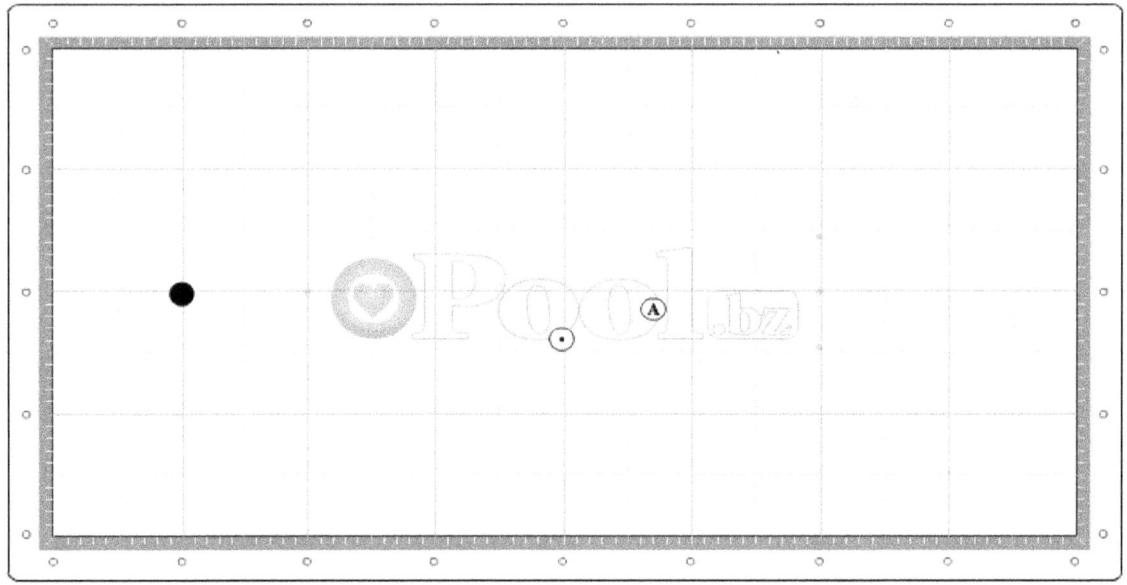

Noter og ideer:

Afspilning mønster

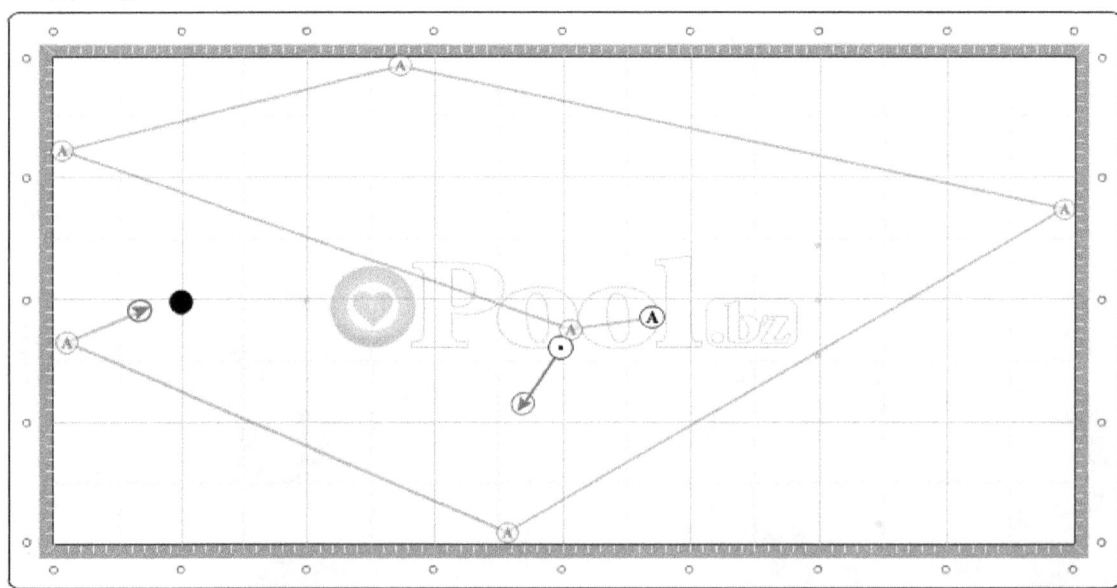

G: 6+ bander (lang bande)

Den (CB) kommer ud af den første (OB) og ind i den lange bande. Det rejser så rundt om bordet i mindst seks bander (nogle gange syv).

(A) (CB) (din billardkugle) – (OB) (modstander billardkugle) – ● (OB) (rød billardkugle)

G: Gruppe 1

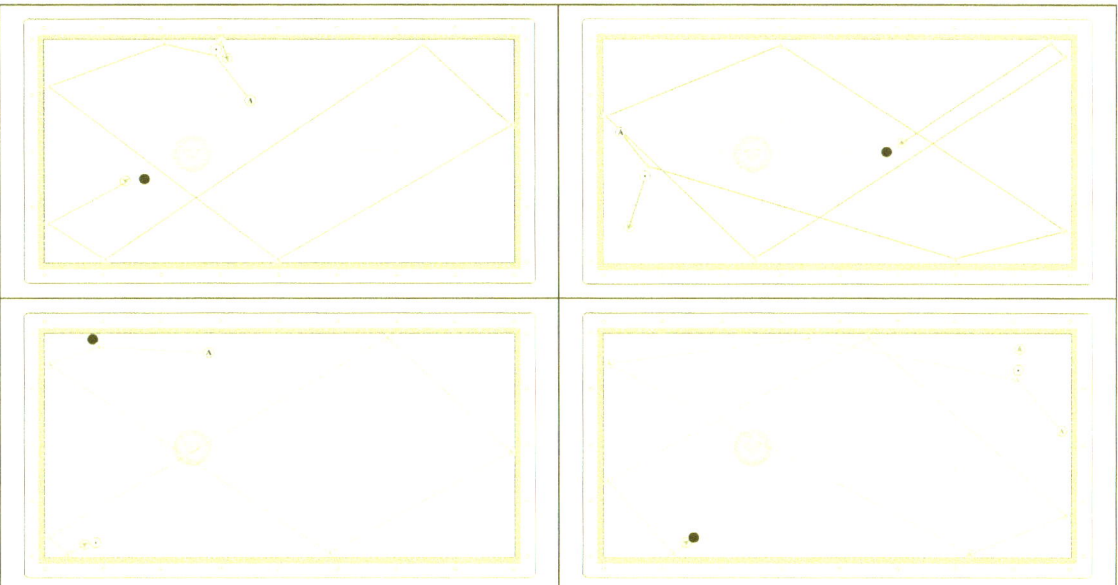

Analyse:

G:1a. _____

G:1b. _____

G:1c. _____

G:1d. _____

G:1a – Setup

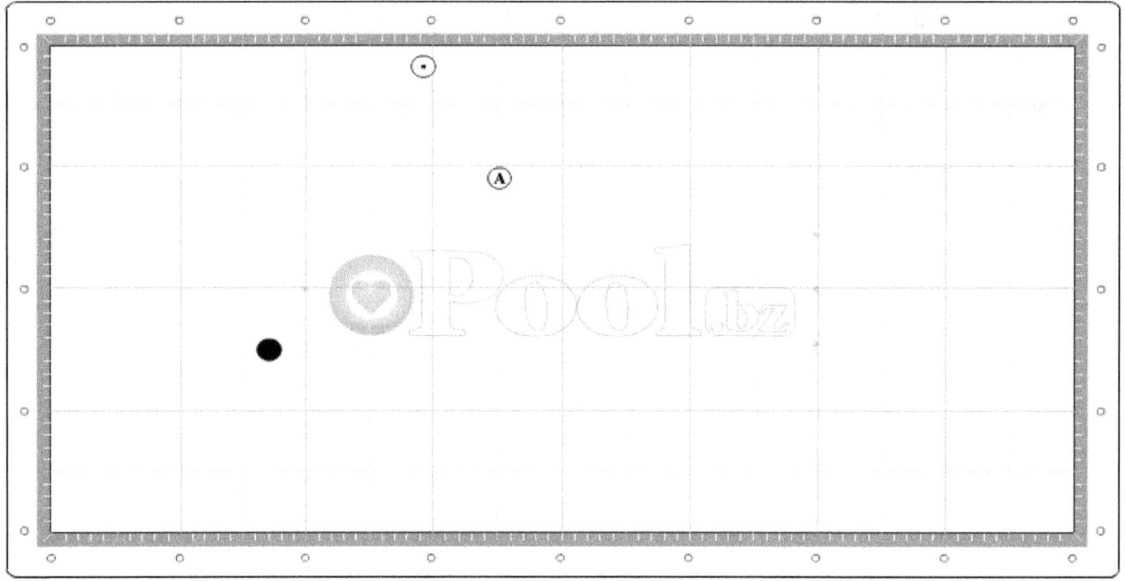

Noter og ideer:

Afspilning mønster

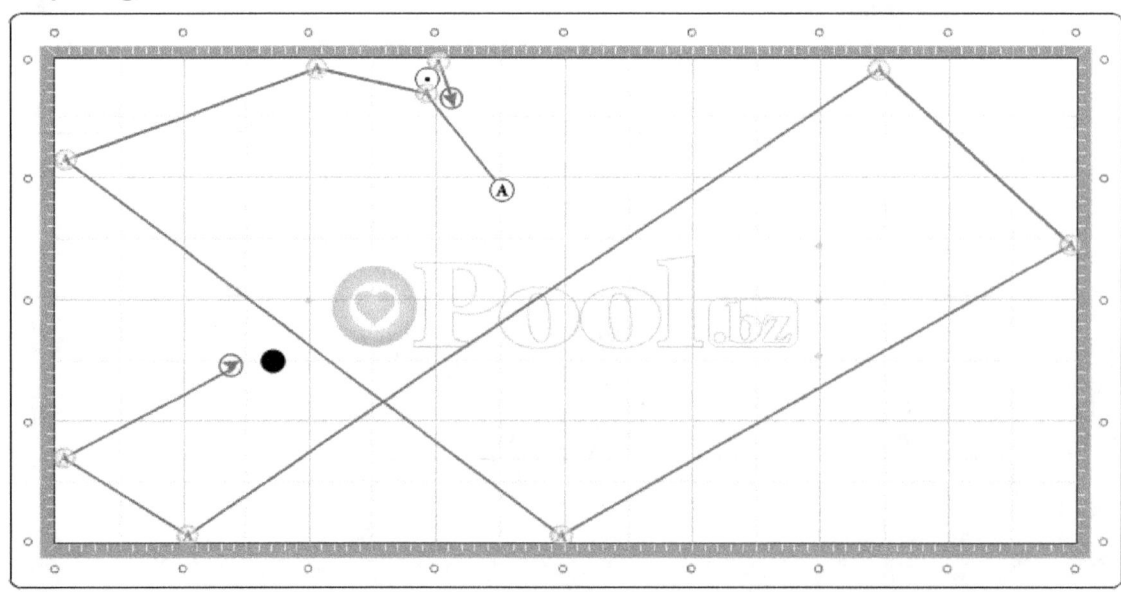

G:1b – Setup

Noter og ideer:

Afspilning mønster

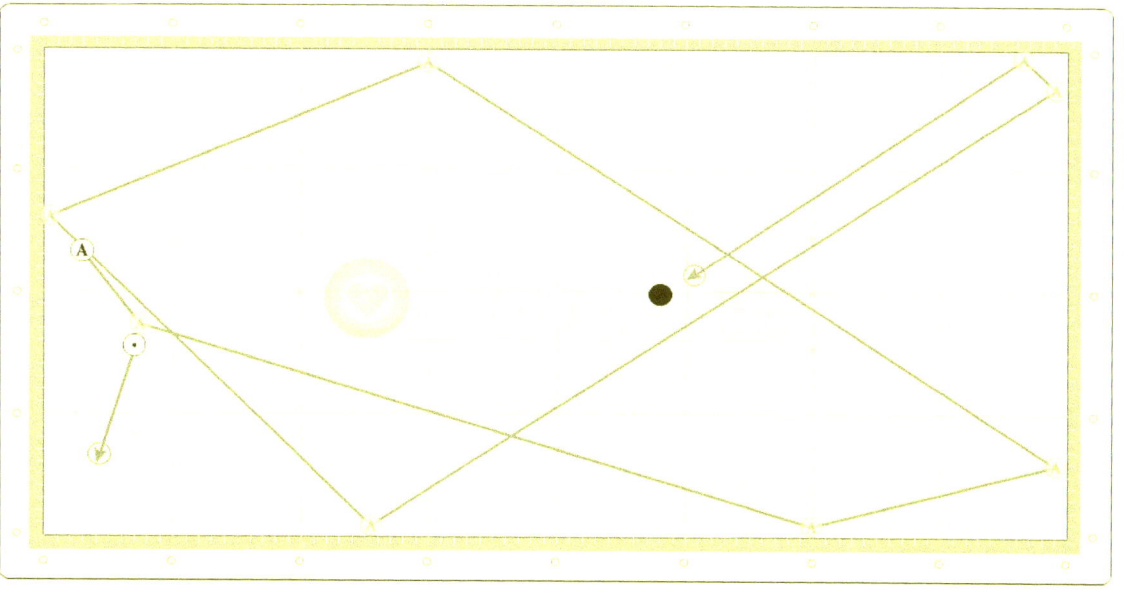

G:1c – Setup

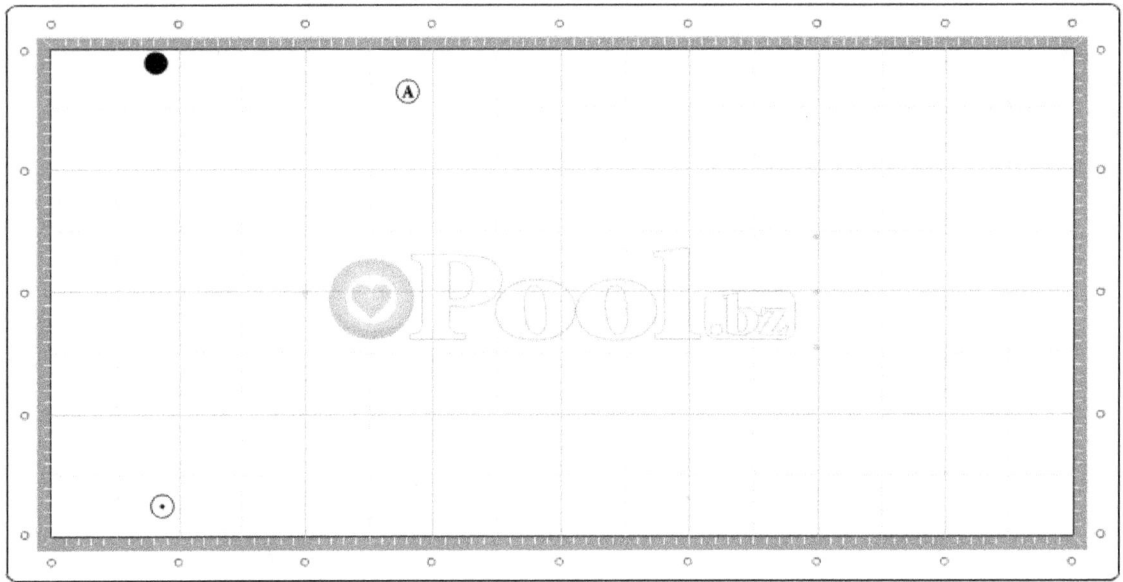

Noter og ideer:

Afspilning mønster

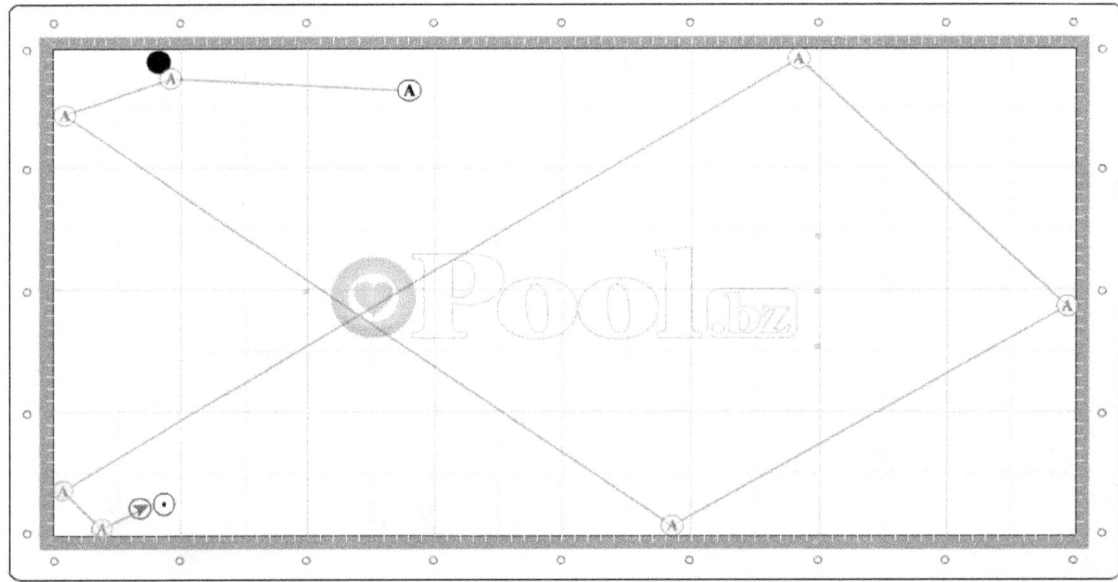

G:1d – Setup

Noter og ideer:

Afspilning mønster

G: Gruppe 2

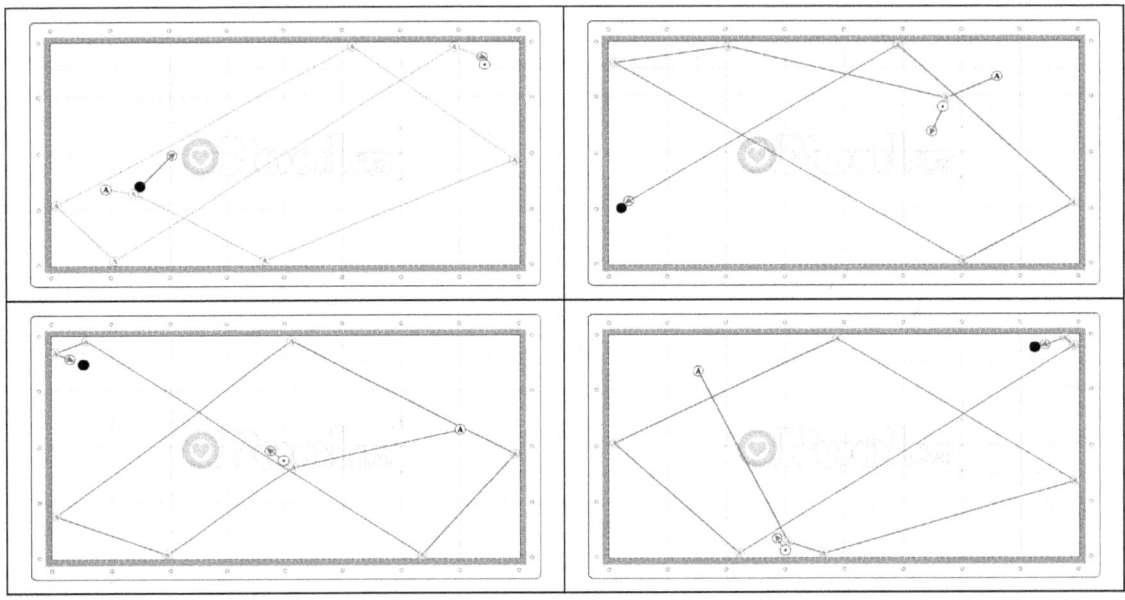

Analyse:

G:2a. _____

G:2b. _____

G:2c. _____

G:2d. _____

G:2a – Setup

Noter og ideer:

Afspilning mønster

G:2b – Setup

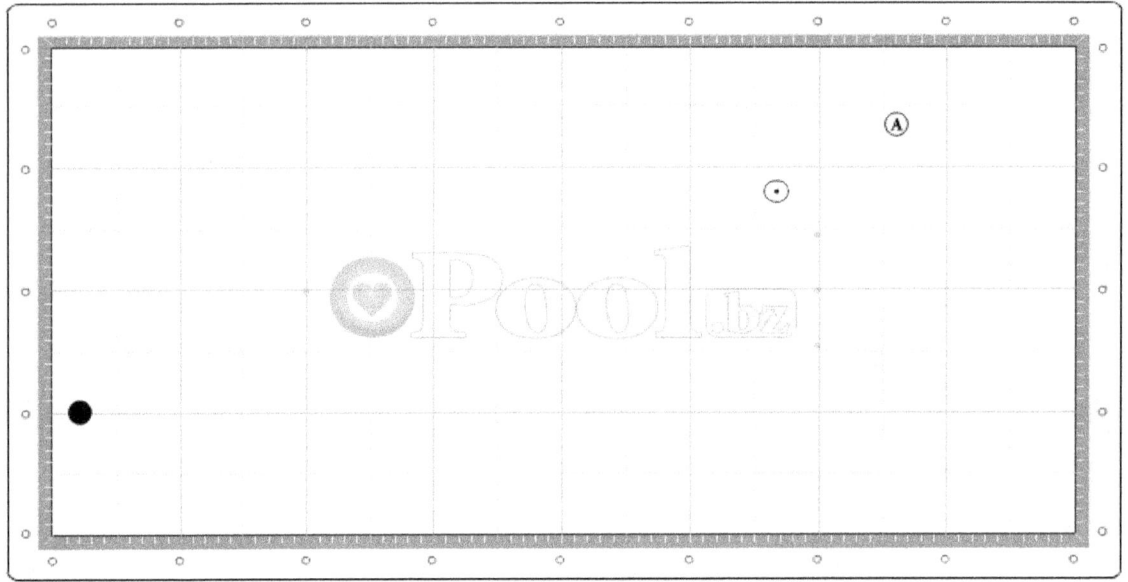

Noter og ideer:

Afspilning mønster

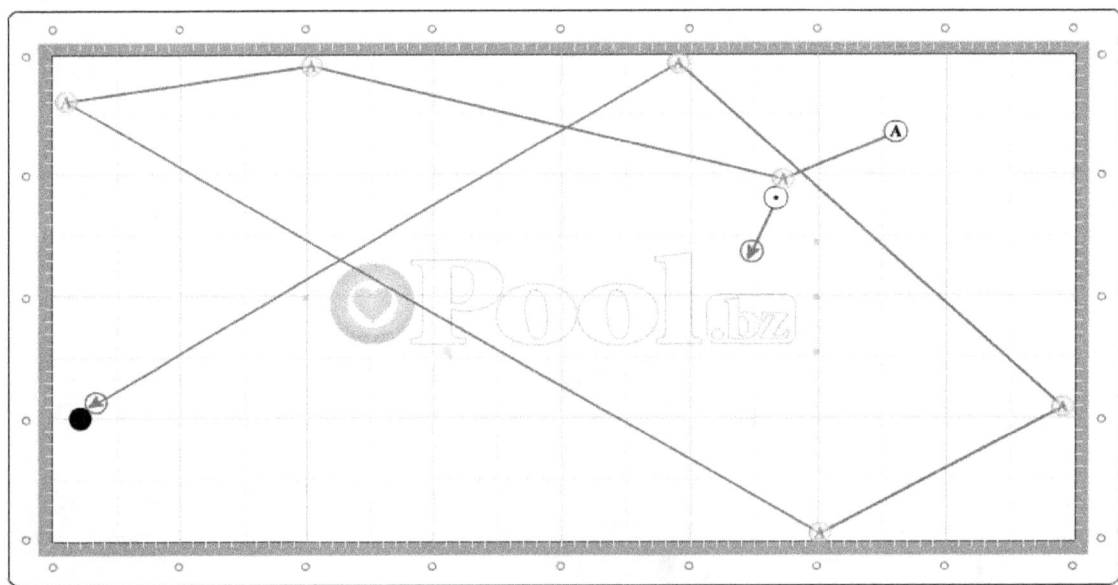

G:2c – Setup

Noter og ideer:

Afspilning mønster

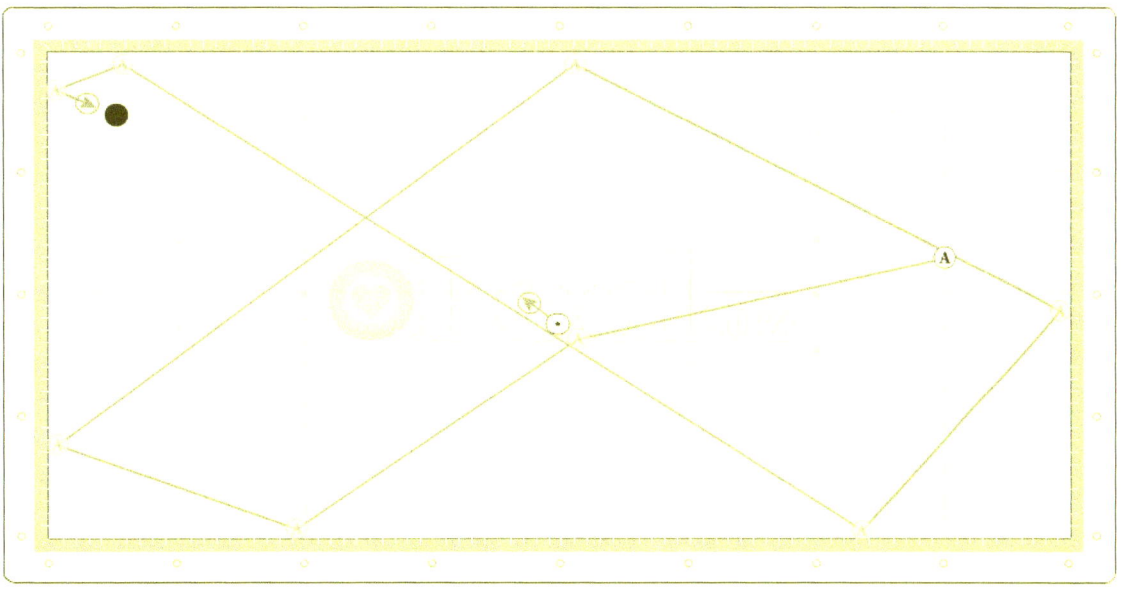

G:2d – Setup

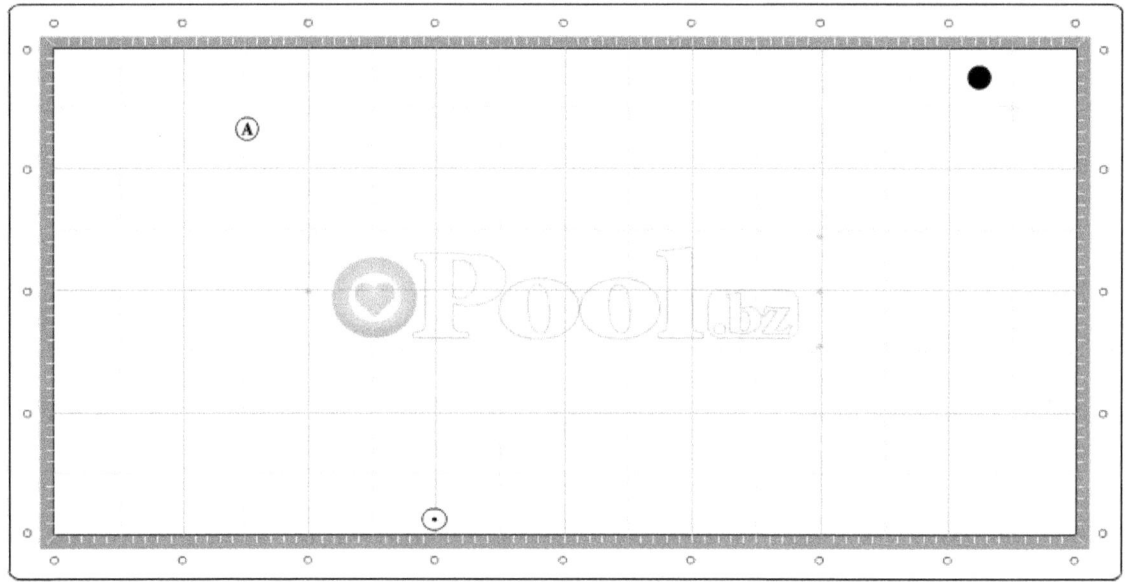

Noter og ideer:

Afspilning mønster

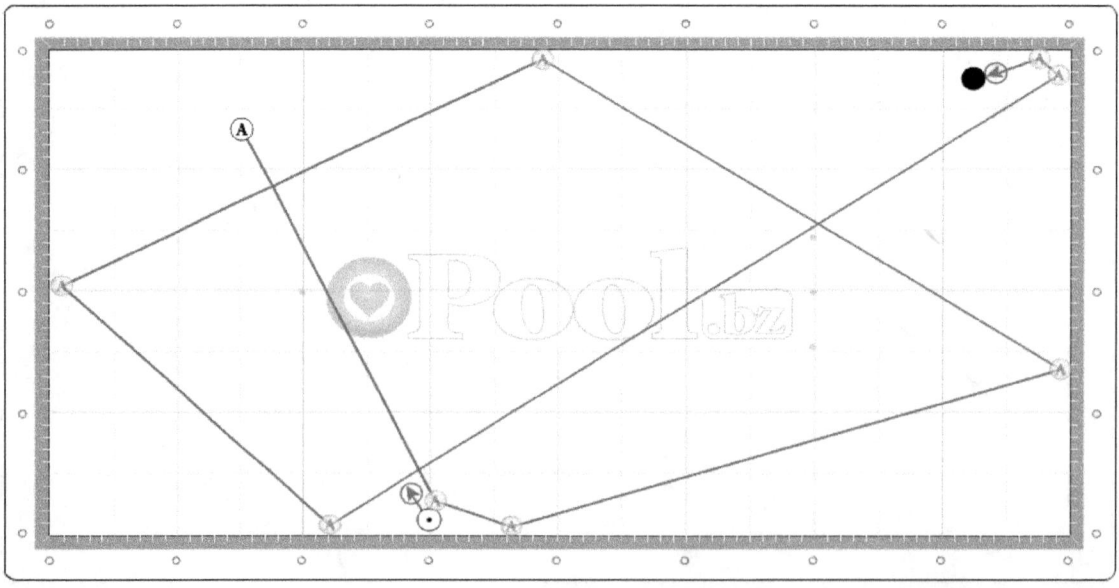

G: Gruppe 3

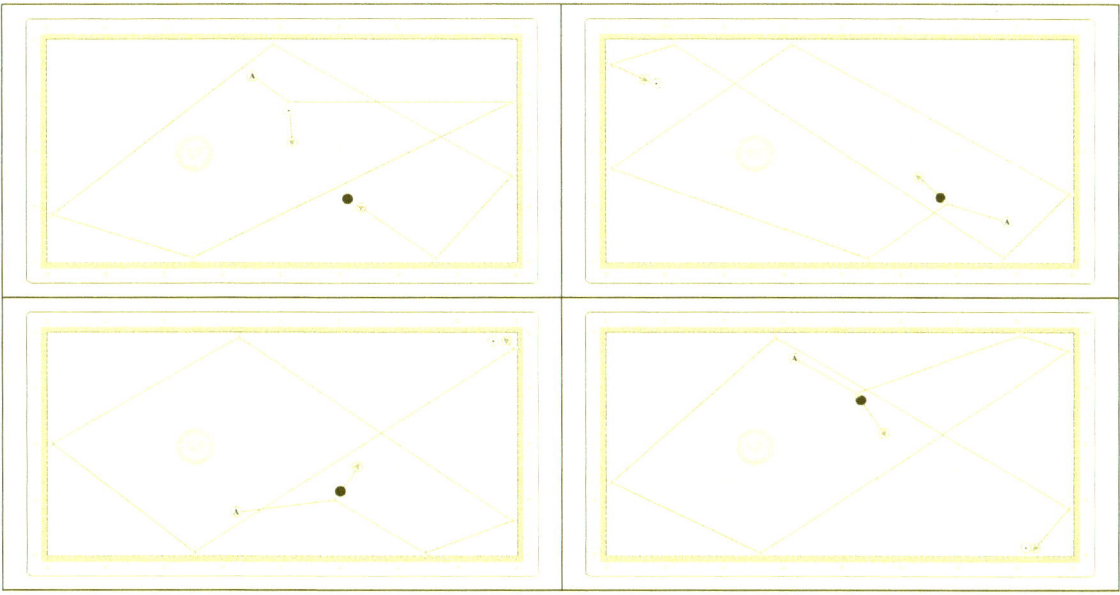

Analyse:

G:3a. _____

G:3b. _____

G:3c. _____

G:3d. _____

G:3a – Setup

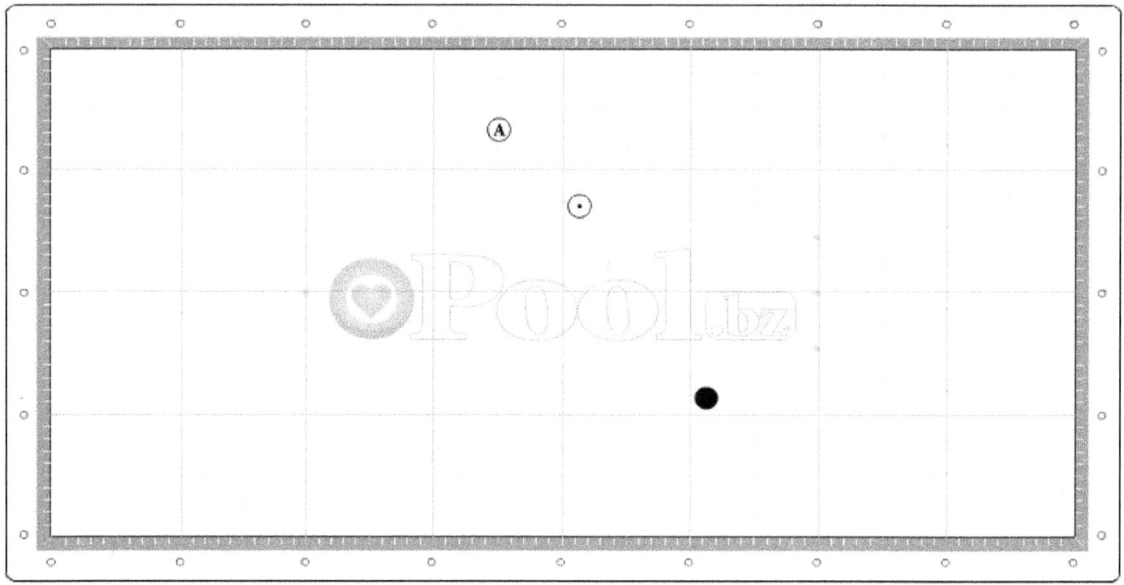

Noter og ideer:

Afspilning mønster

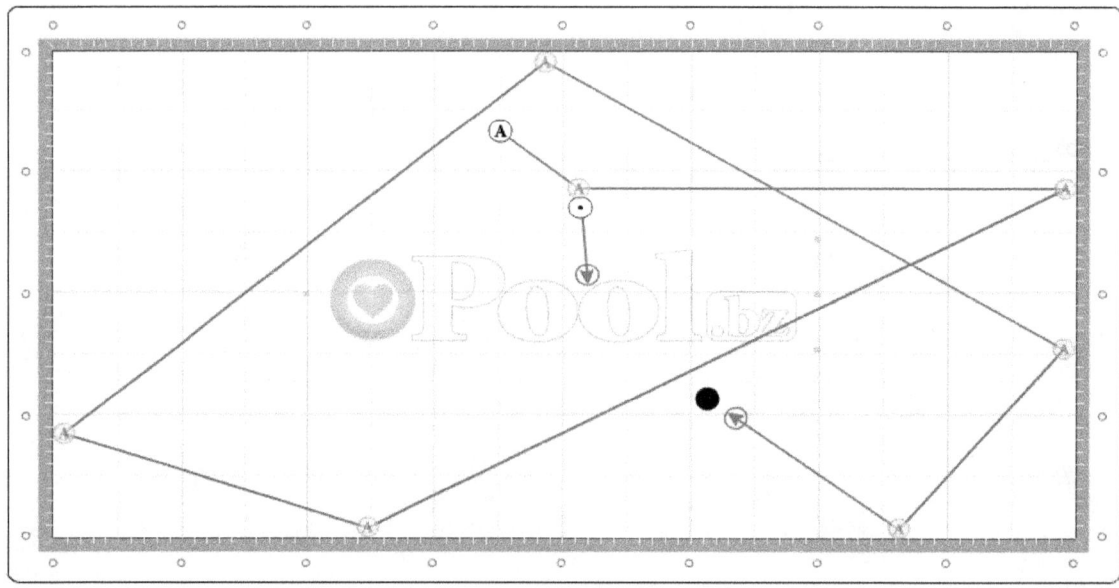

G:3b – Setup

Noter og ideer:

Afspilning mønster

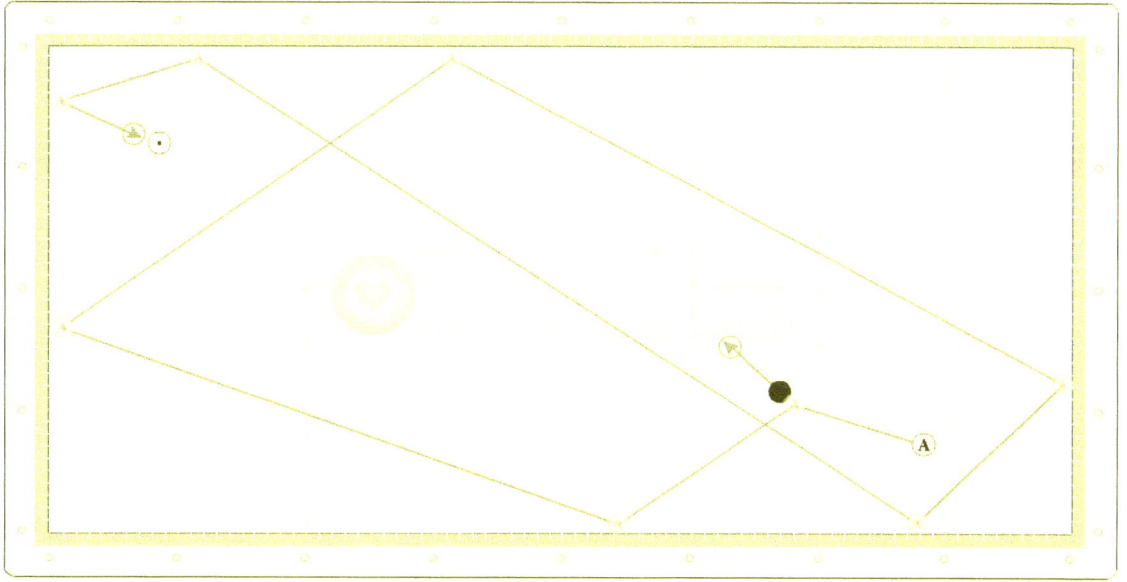

G:3c – Setup

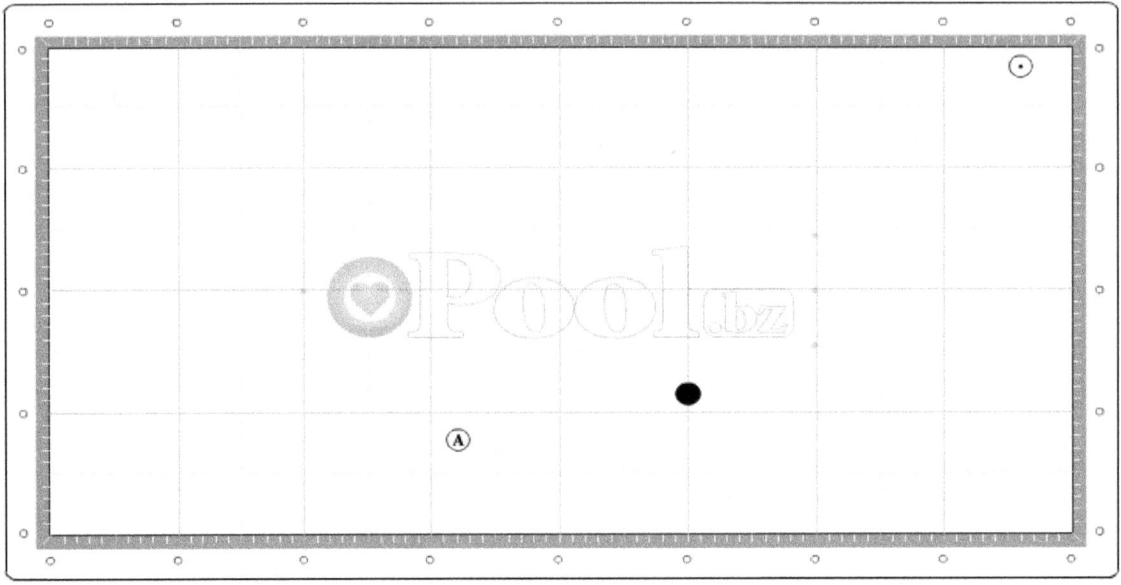

Noter og ideer:

Afspilning mønster

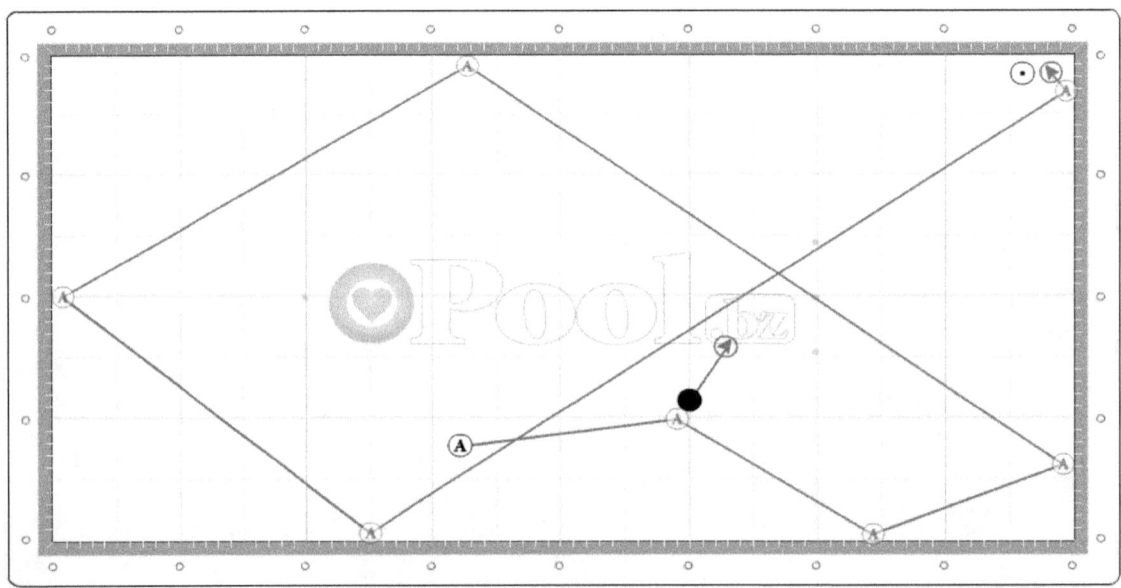

G:3d – Setup

Noter og ideer:

Afspilning mønster

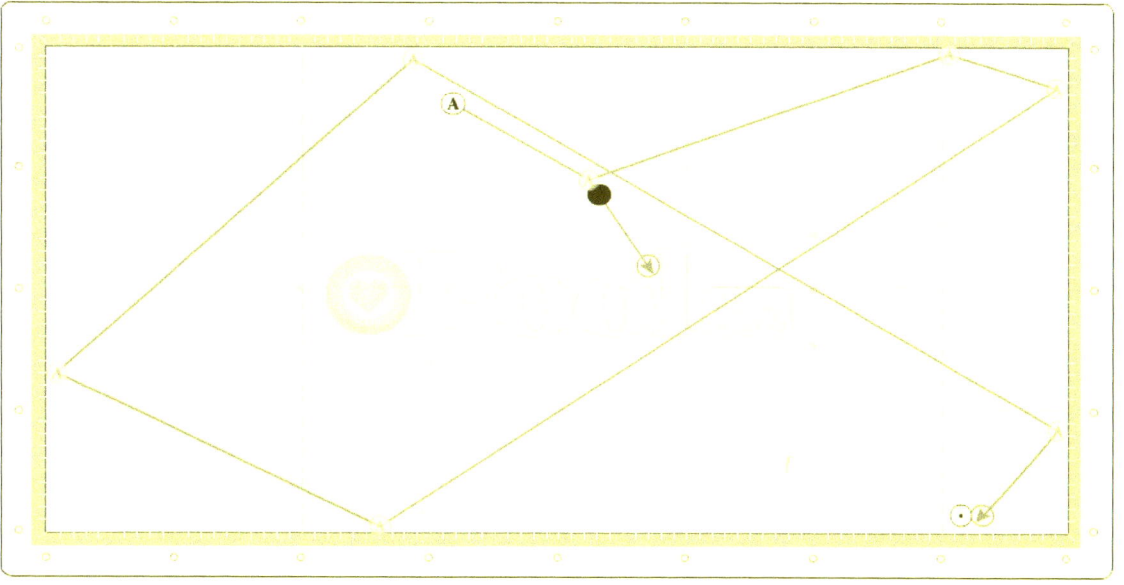

G: Gruppe 4

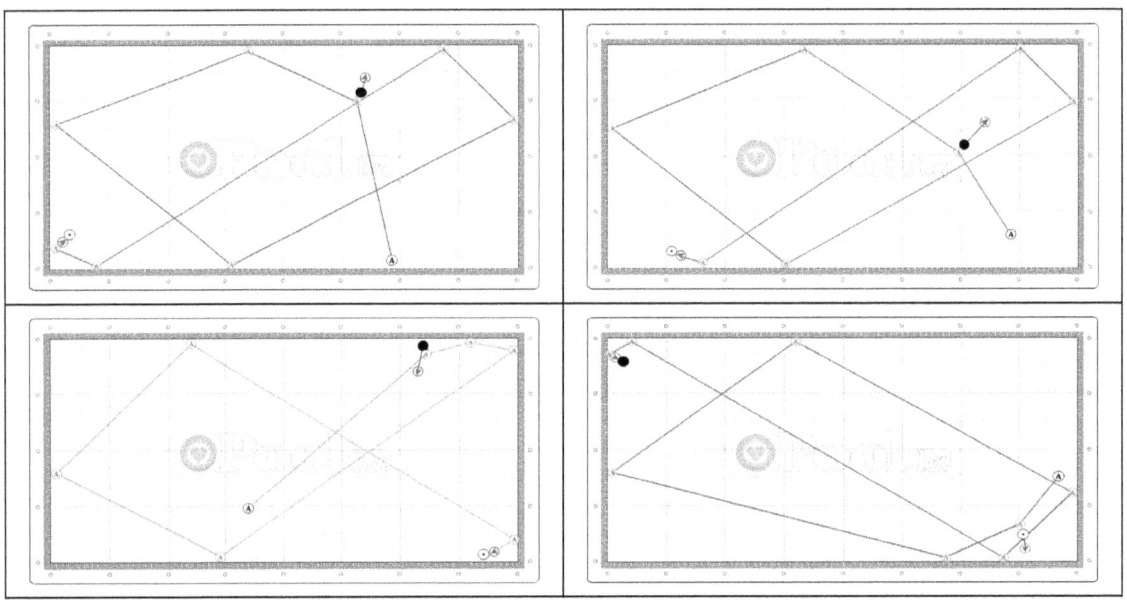

Analyse:

G:4a. _____

G:4b. _____

G:4c. _____

G:4d. _____

G:4a – Setup

Noter og ideer:

Afspilning mønster

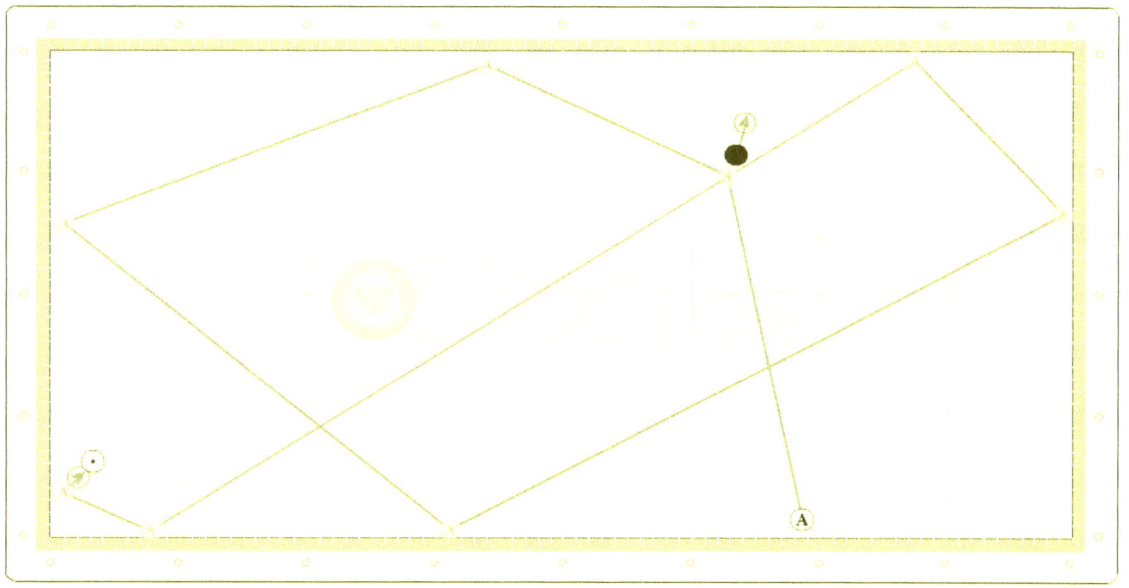

G:4b – Setup

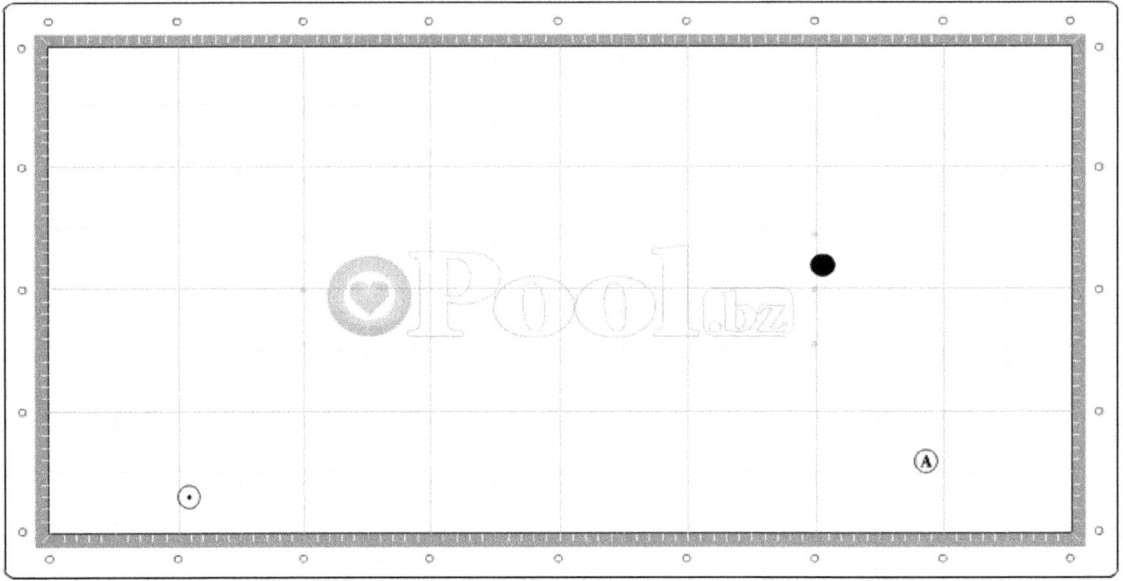

Noter og ideer:

Afspilning mønster

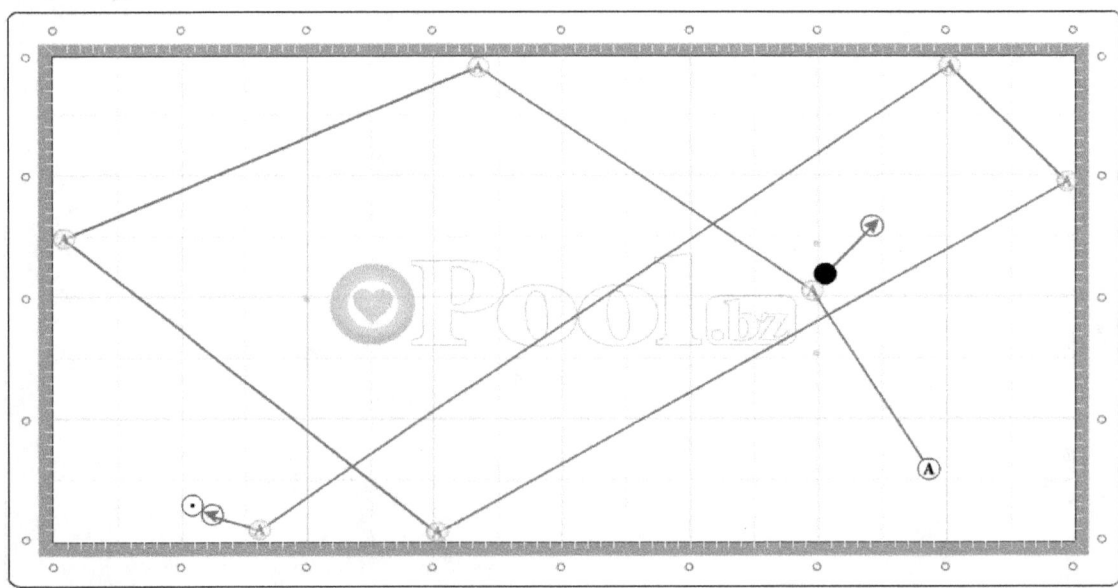

G:4c – Setup

Noter og ideer:

Afspilning mønster

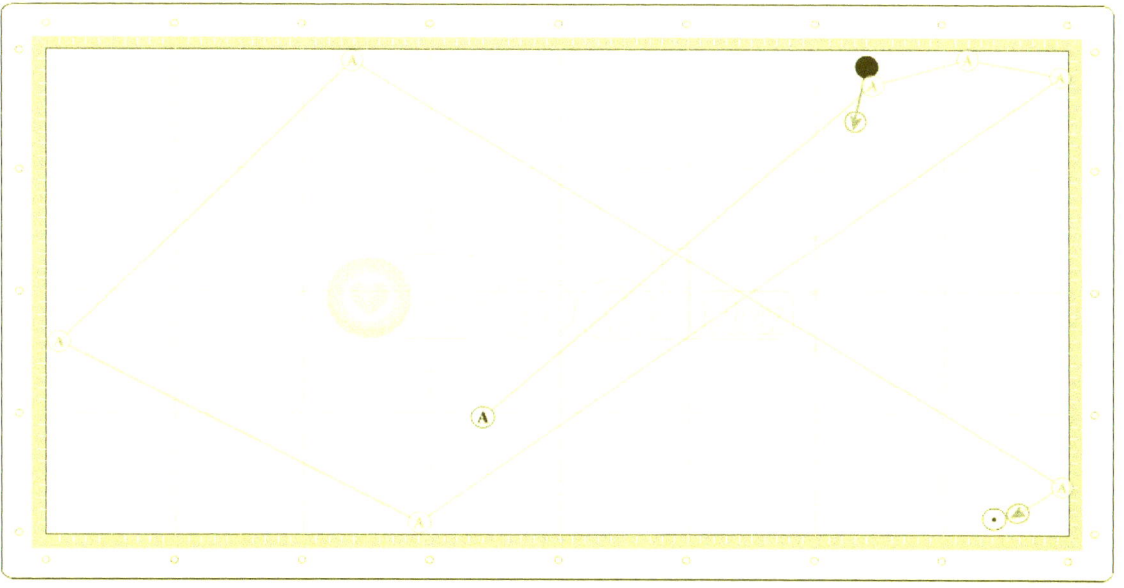

G:4d – Setup

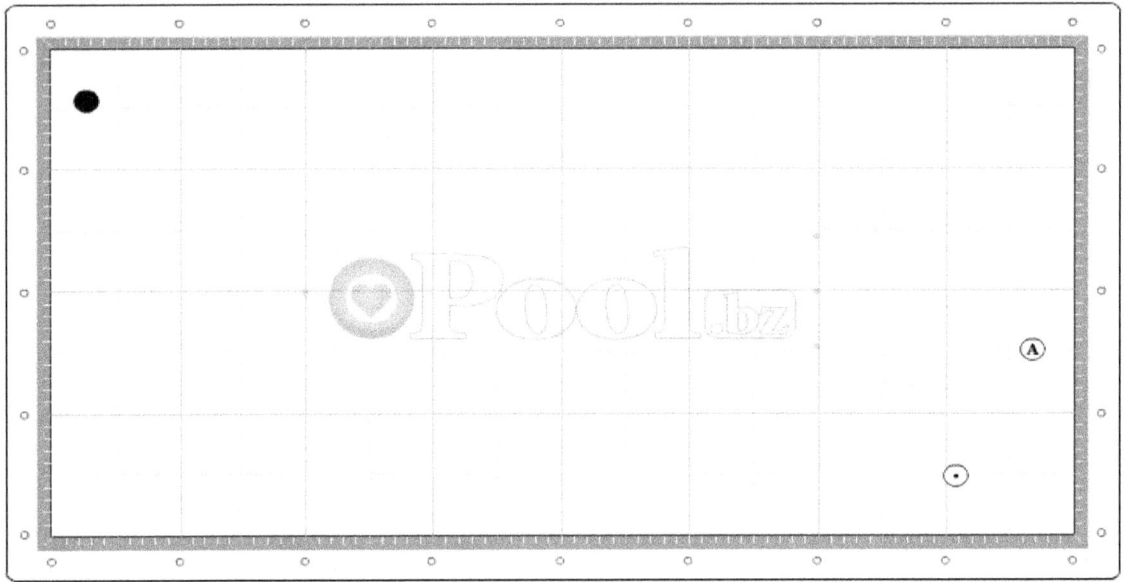

Noter og ideer:

Afspilning mønster

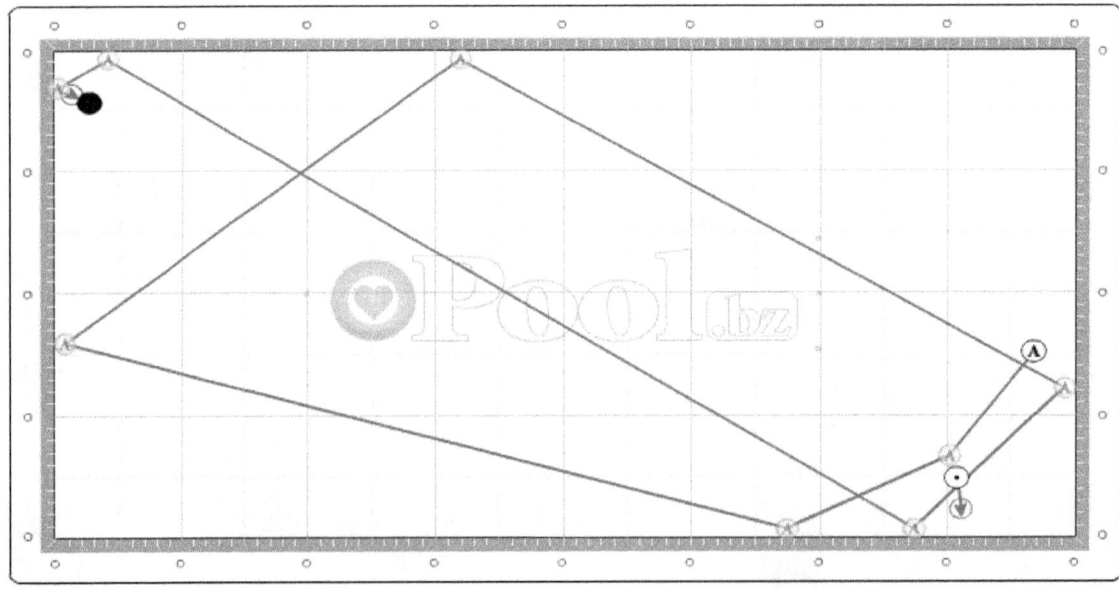

H: 6+ bander (kort bande)

Den (CB) kommer ud af (OB) og ind i den korte bande. Den (CB) fortsætter med at rejse rundt om bordet for seks eller flere bande. Først da kontakter (CB) det andet (OB).

(A) (CB) (din billardkugle) – (·) (OB) (modstander billardkugle) – ● (OB) (rød billardkugle)

H: Gruppe 1

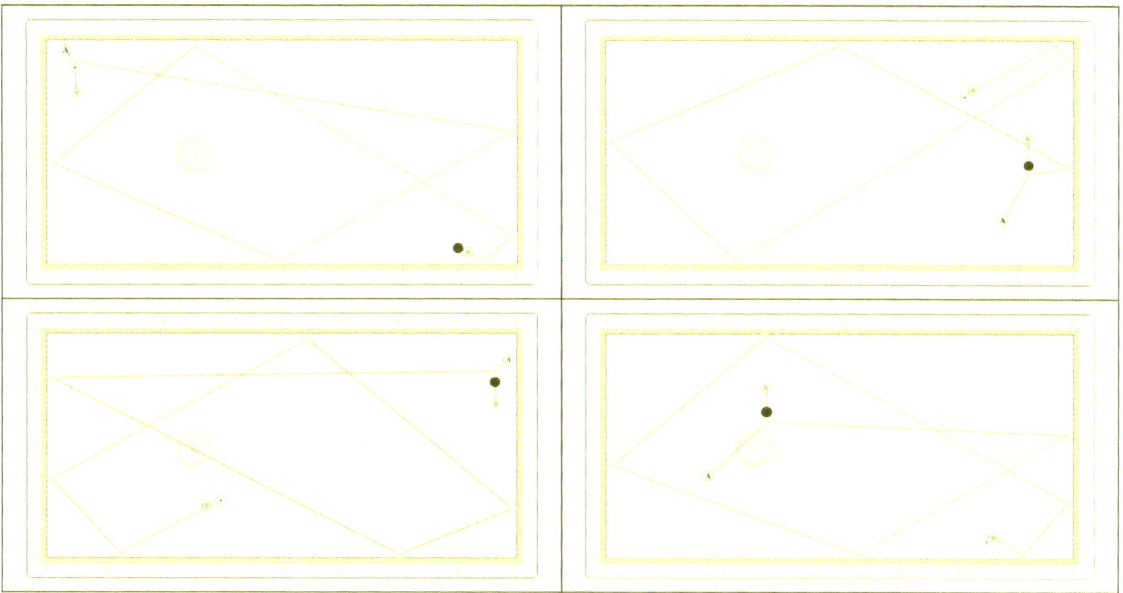

Analyse:

H:1a. _____

H:1b. _____

H:1c. _____

H:1d. _____

H:1a – Setup

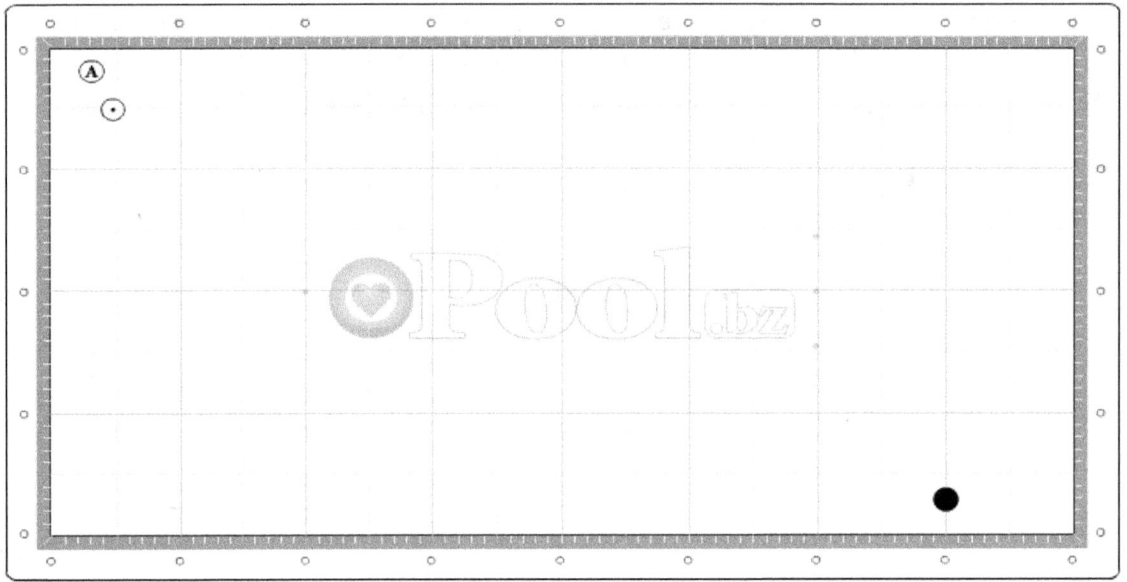

Noter og ideer:

Afspilning mønster

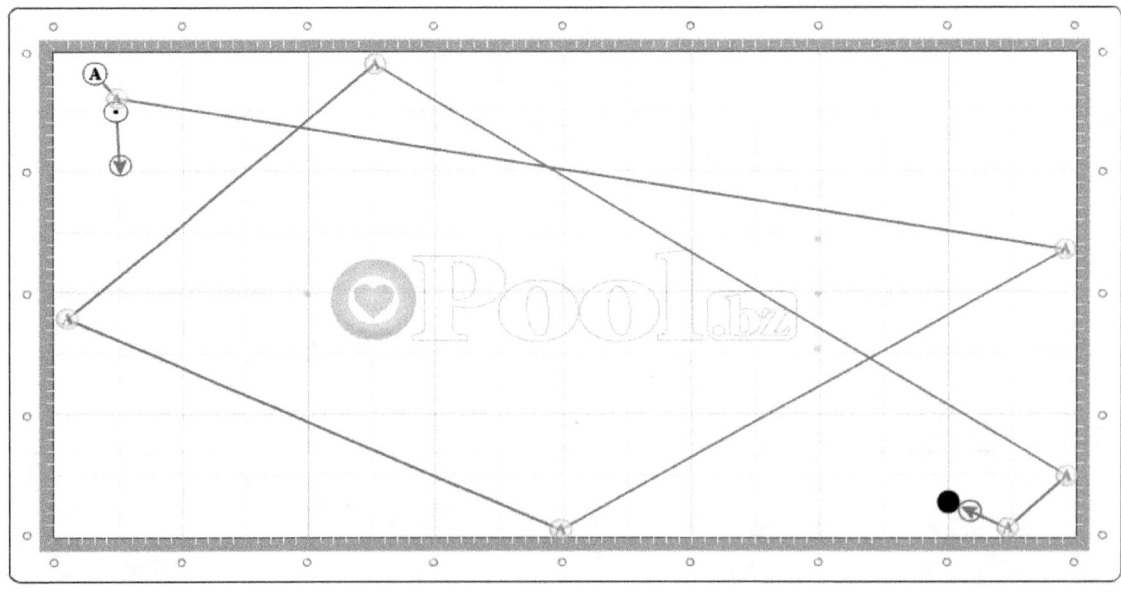

H:1b – Setup

Noter og ideer:

Afspilning mønster

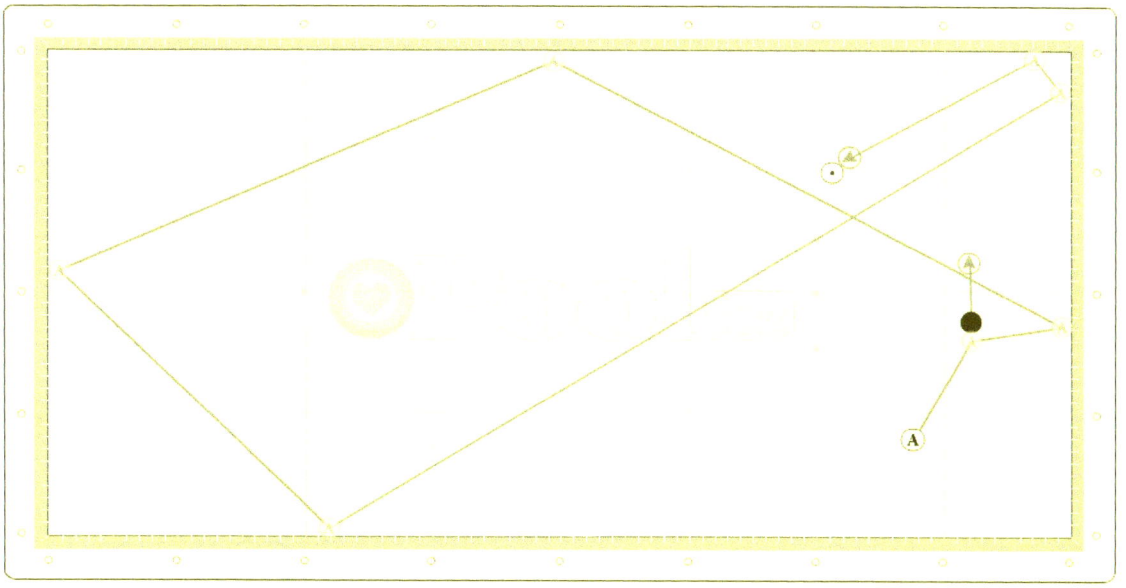

H:1c – Setup

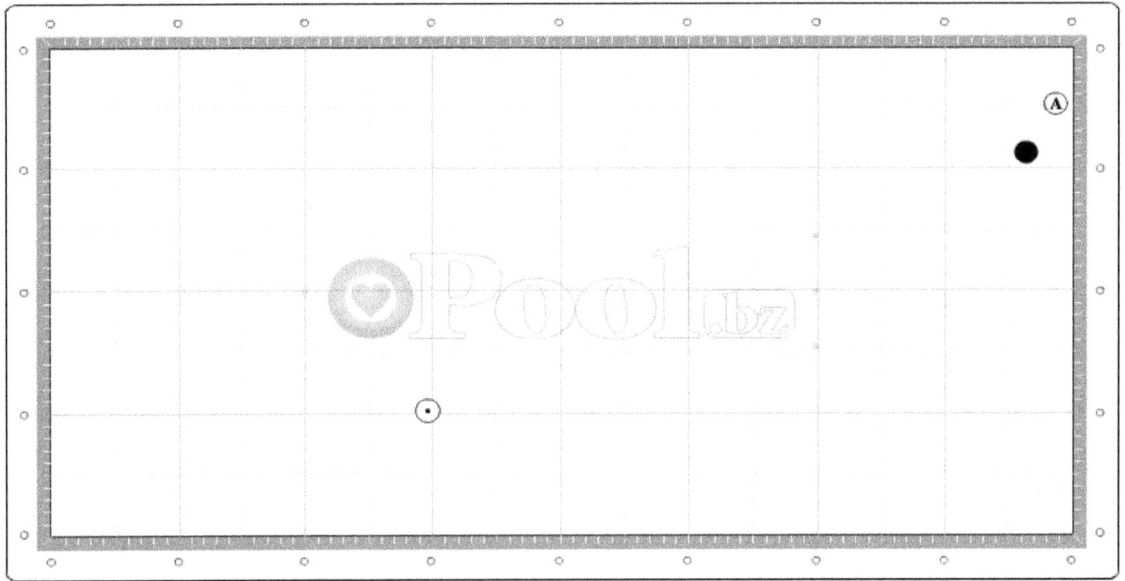

Noter og ideer:

Afspilning mønster

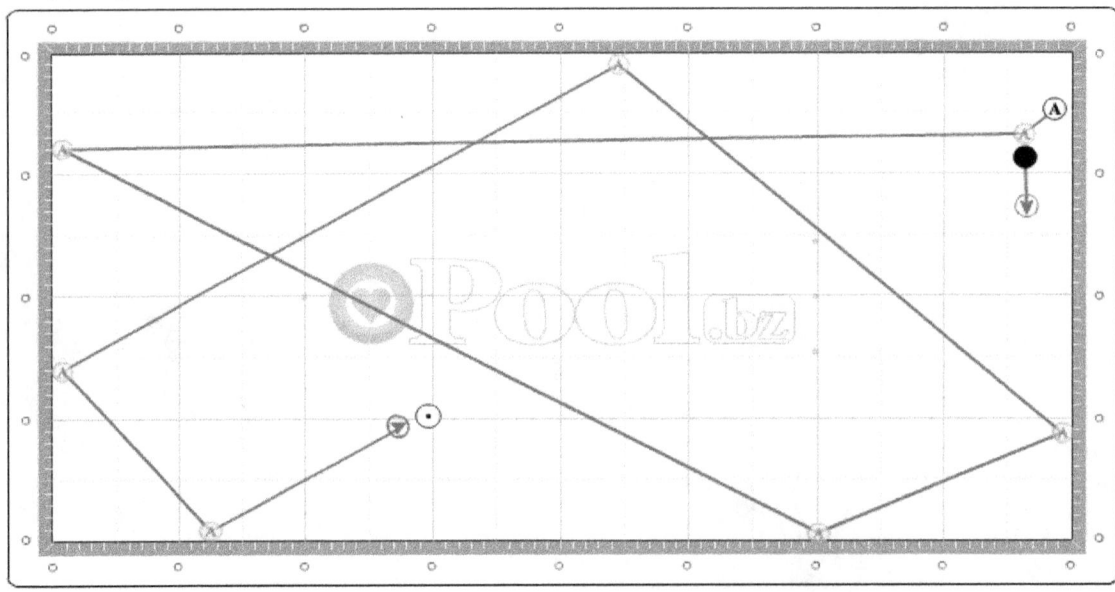

H:1d – Setup

Noter og ideer:

Afspilning mønster

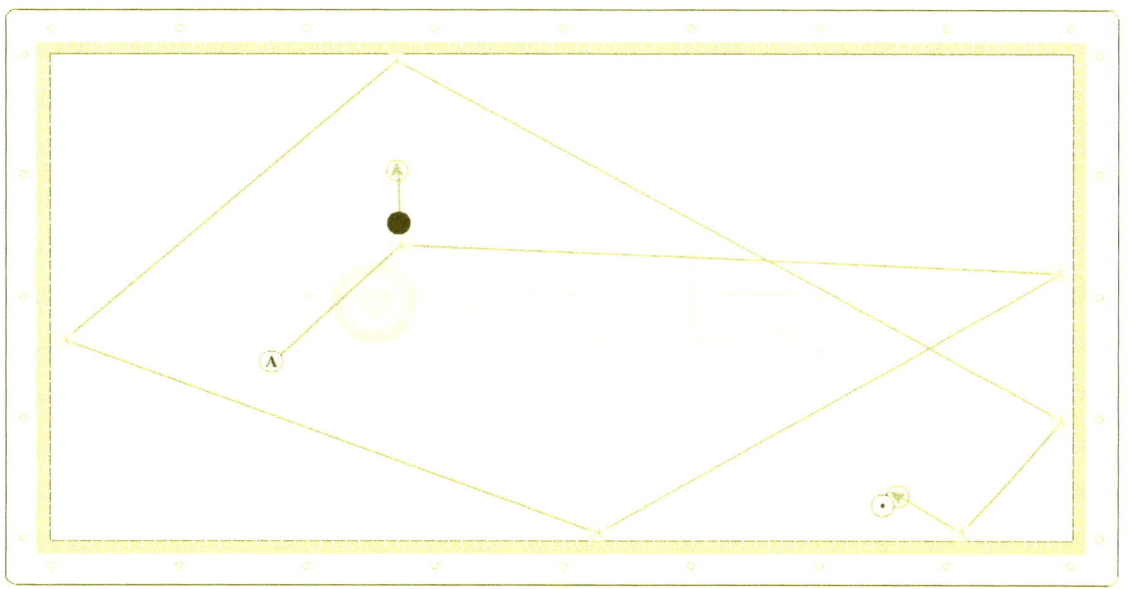

H: Gruppe 2

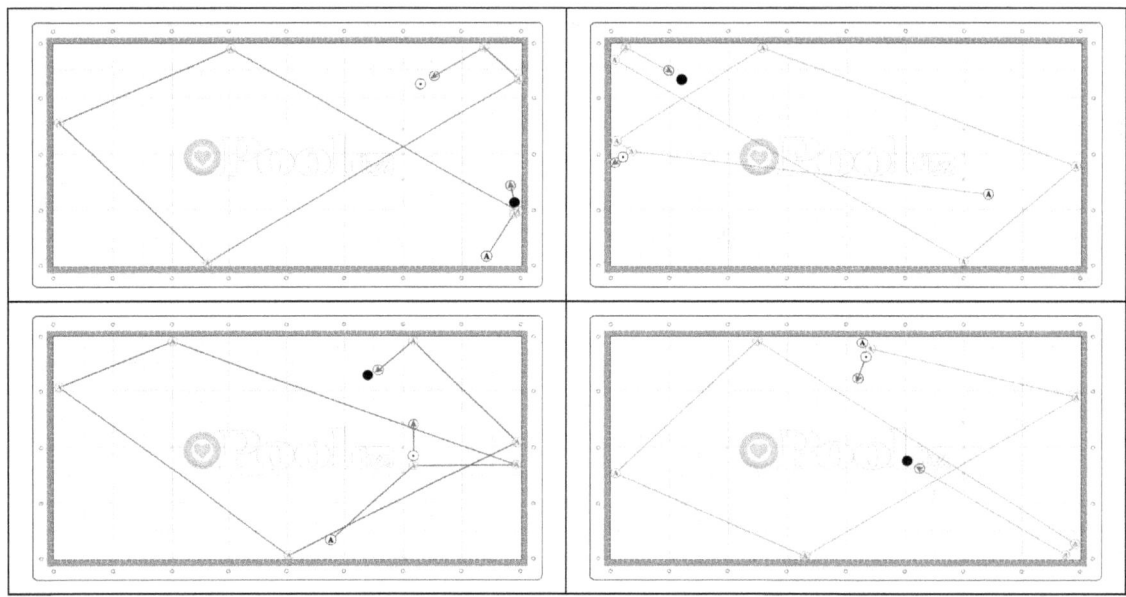

Analyse:

H:2a. _____

H:2b. _____

H:2c. _____

H:2d. _____

H:2a – Setup

Noter og ideer:

Afspilning mønster

H:2b – Setup

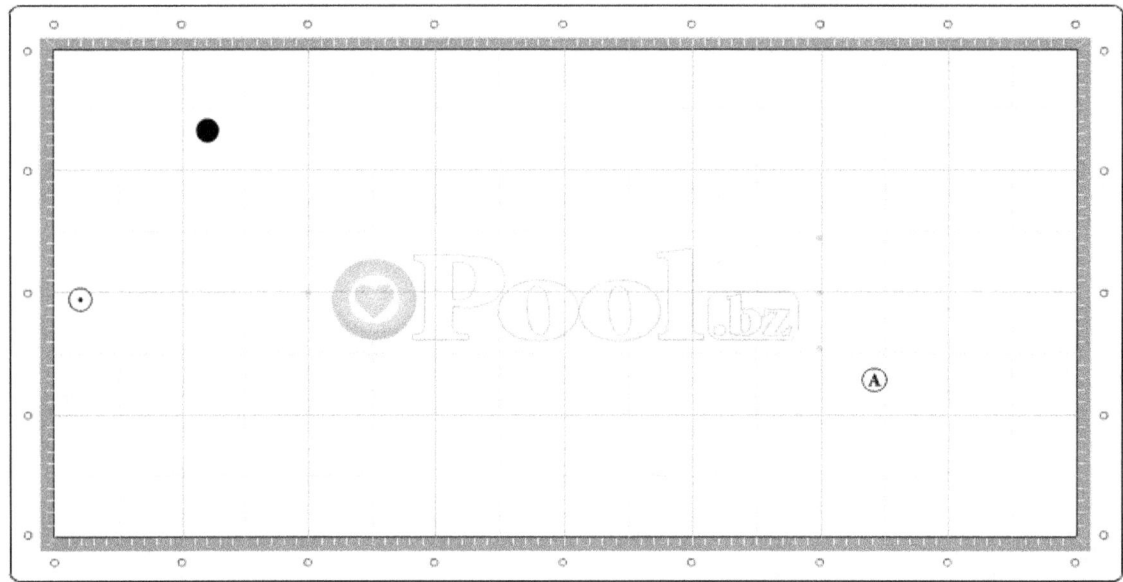

Noter og ideer:

Afspilning mønster

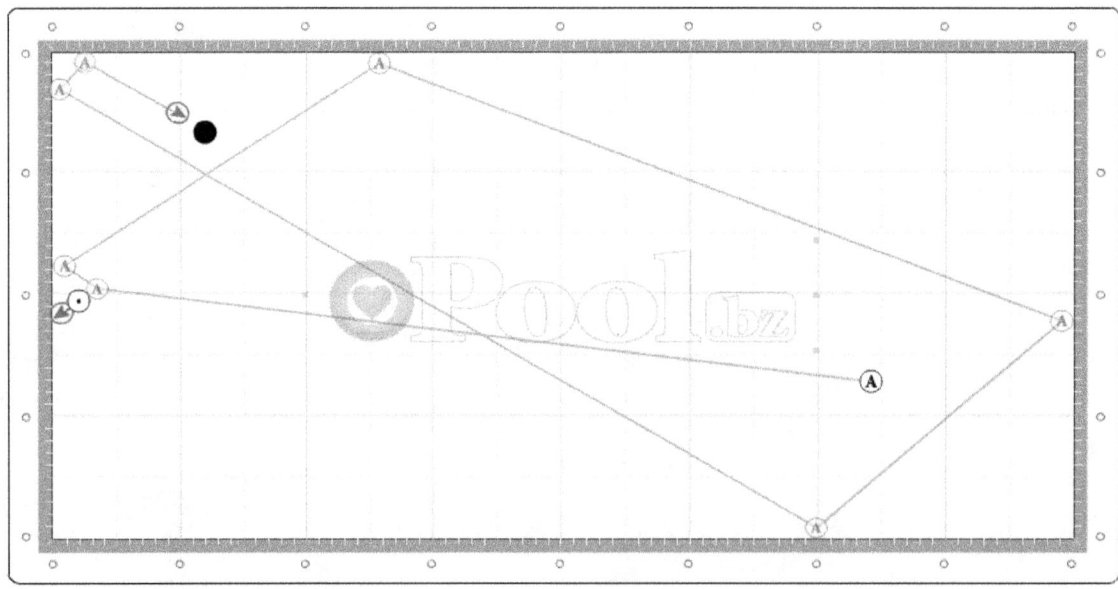

H:2c – Setup

Noter og ideer:

Afspilning mønster

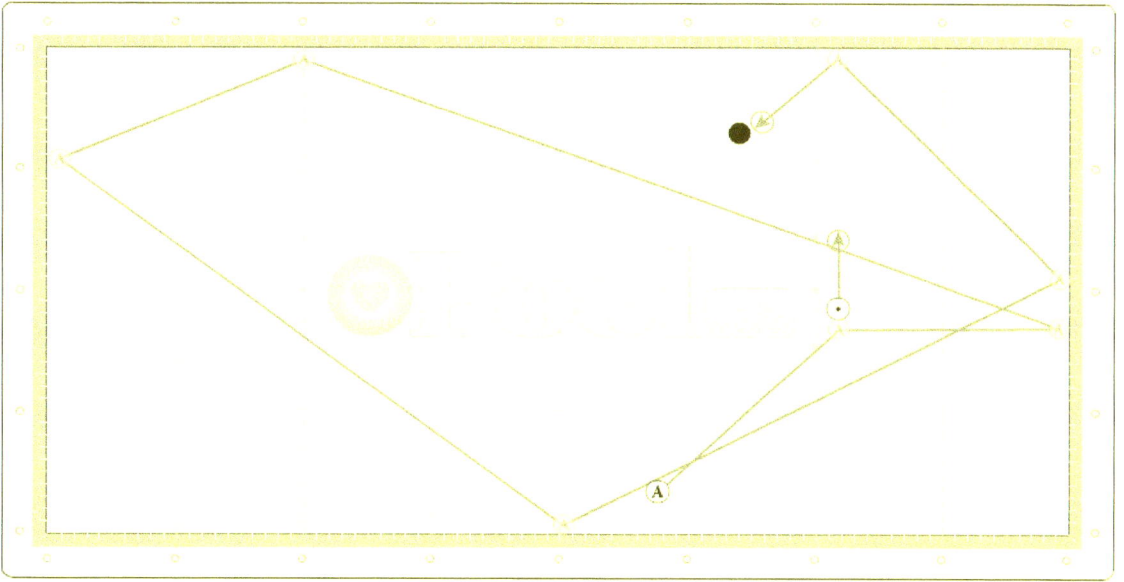

H:2d – Setup

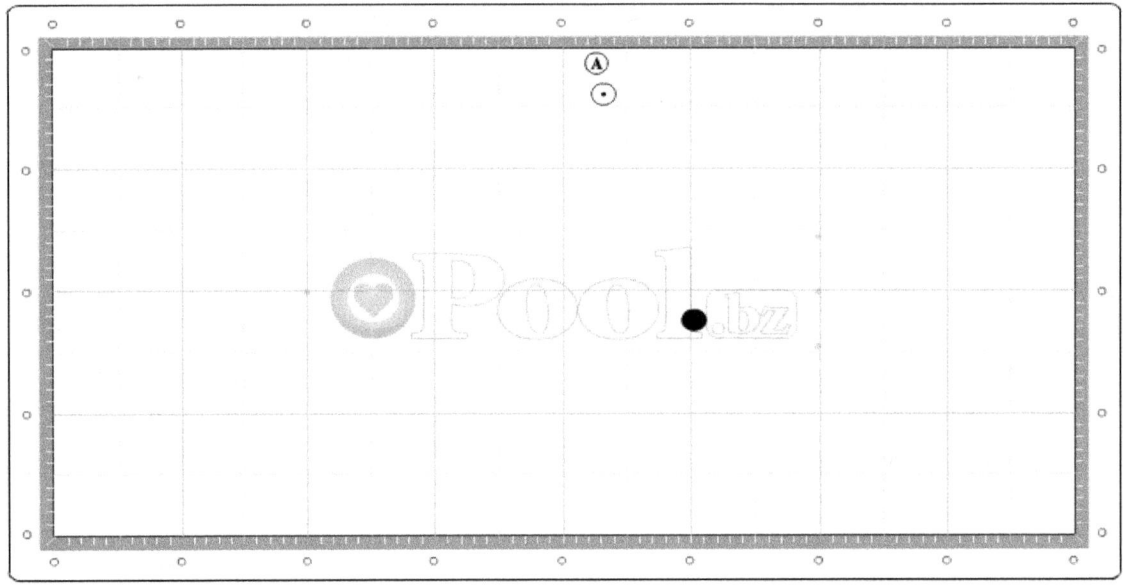

Noter og ideer:

Afspilning mønster

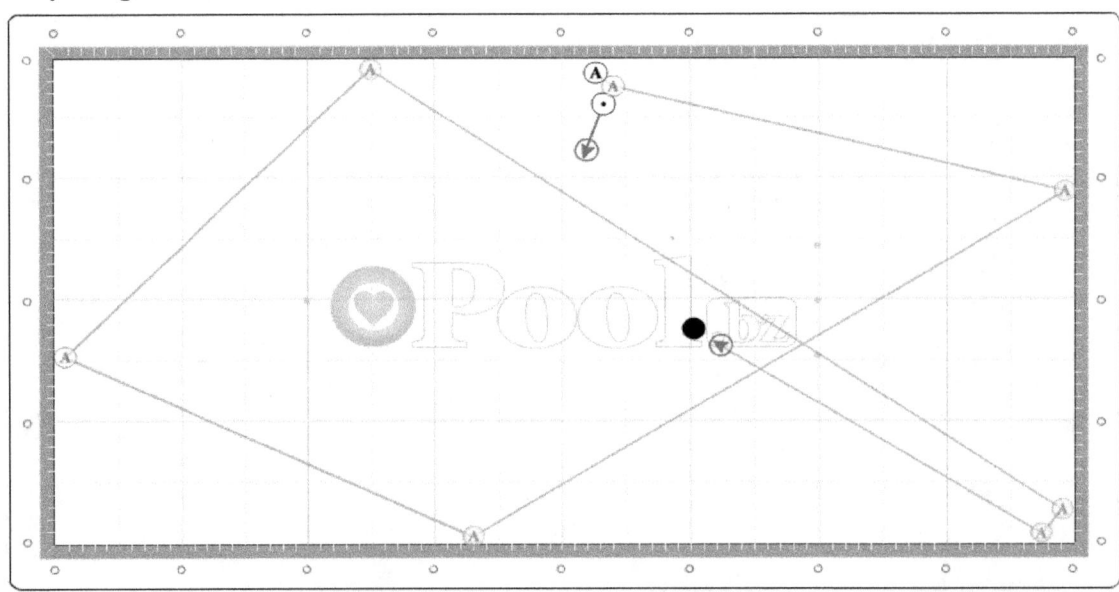

www.ingramcontent.com/pod-product-compliance
Lightning Source LLC
Chambersburg PA
CBHW080920170426
43201CB00016B/2207